Ist das Alter noch zu retten?!

Karin Dietl-Wichmann

Ist das *Alter* noch zu *retten?!*

Warum Aufschieben nix bringt, Leben jetzt ist und Neugierde jung hält.

Inhalt

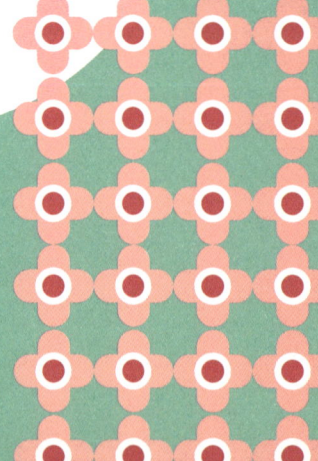

Vorwort

Warum dieses Buch? Weil ich glaube, dass es an der Zeit ist, die Klischees über das Alter ad acta zu legen. Alt zu sein heißt nicht, Trübsal zu blasen, sich mit den Gegebenheiten abzufinden und möglichst unauffällig die letzten Jahre unseres Lebens hinter uns zu bringen! Alt zu sein heißt: aus dem Erfahrenen zu profitieren und seine Wünsche zu realisieren. Und, falls jemand von der Würde des Alters spricht – was oft nicht mehr bedeutet als: sei still und bleib im Kämmerchen –, dagegen zu protestieren.

Ein Aufruf zur Revolte? Warum nicht! Wir Alten sind in ein paar Jahren in der Überzahl. Das sollte für die Jungen nicht zum Schrecken werden. Wir haben viel gelernt und können ihnen viel weitergeben. Nur: Ihr müsst uns lassen! Nicht nur unsere Kinder, sondern auch die Enkel sollten sich klarmachen, dass wir nicht nur Gemüse sind! Das da Träume sind, die wir noch Realität werden lassen möchten. Liebe und auch Sexualität sind zwei davon!

Als ich 70 wurde, feierte ich diesen Tag im Haus einer Freundin in der Toskana. Es war ein wunderbares Fest. Mein Enkel Leon, damals 16 Jahre, gratulierte mir mit einem frechen Text per SMS: „Du bist zwar unbegreiflich alt – aber immer noch der Hammer! Alles Liebe zum Geburtstag!"

Als ich 75 wurde, feierte ich mit Leon und einer Freundin in Wien. Wiederum ein Termin, den ich nie vergessen werde. Wir sahen in der Burg einen miserablen Klaus-Maria Brandauer, schlürften Austern, tranken und lachten uns durch die schönen Wiener Beisln. Ich liebe es zu feiern! Mein fortgeschrittenes Alter hindert mich nicht. Im Gegenteil – mit Menschen zusammen zu sein, die ich mag, beflügelt mich. Feiern mit Freunden ist das, was uns ein Leben lang begleiten sollte!

Es ist nicht so, als würde ich nicht auch dunklere Stunden kennen. Ich verdränge sie nicht. Aber ich suhle mich auch nicht in Selbstmitleid. Meine Wehwehchen sind normal und behindern mich wenig. Ich lebe nach drei Ehen schon seit langer Zeit allein. Ich mag das so. Kluge, witzige Männer sind immer willkommen. Doch wenn sie beginnen, Ansprüche zu stellen oder mir meine Art zu leben, mies zu machen, werden sie sehr schnell verabschiedet. Meine Zeit war mir immer zu kostbar, um sie mit Langeweile oder Überdruss zu vergeuden – und das hat sich in den letzten Jahren noch verstärkt!

Meine Arbeit fördert meine Neugier. Menschen, ob junge oder alte, interessieren mich. Das wird auch immer so bleiben. Ich bin fest davon überzeugt, dass die positive Einstellung zum Leben dieses letzte Drittel zu einer der schönsten Erfahrungen macht.

Lassen Sie uns leben, feiern, lachen, weinen, sehen, hören, mitfühlen. Es gibt doch noch so viel zu entdecken!

Die
Macht der
Gedanken

Sie stellen die Weichen

Nicht das Alter ist das Problem, sondern unsere Einstellung dazu.

Marcus Tullius Cicero (106–43 v. Chr.),
römischer Redner und Staatsmann

Wann ist ein Mensch alt? Ist Alter nur eine Zahl? Die Summe der gelebten Jahre? Bedeutet Alter immer Krankheit, Einsamkeit und Demenz? Woher kommt diese Angst, dieses Unbehagen, wenn wir uns dem 70. Geburtstag nähern? Müssen wir jetzt auf vieles, was uns im Laufe der Jahre lieb geworden ist, verzichten? Uns ins Unumgängliche fügen und altersgemäß den Rest unserer Tage verbringen? Und, was bedeutet eigentlich „altersgemäß"? Heißt das: nur nicht auffallen, bescheiden und möglichst wohltätig im Hintergrund bleiben? – Wer will das schon!

Kann man an seinen Einstellungen und Sichtweisen, die uns von der Gesellschaft und der eigenen Familie vorgelebt wurden, die seit Jahrzehnten fest zementiert in uns stecken, auch noch mit 70 oder 80 Jahren etwas ändern? Die tröstliche Botschaft ist: Man kann!

Die Zeit zurückgedreht

Die Sozialpsychologin Professor Ellen Langer von der Harvard Universität hat vor 35 Jahren ein viel beachtetes Experiment gestartet, das sie „Counterclockwise" (Die Uhr zurückdrehen) nannte. Mit Hilfe ihrer Studenten hatte sie ein abgelegenes Kloster gefunden, das für ihr Vorhaben ideal war. Aus einer Gruppe von Männern zwischen 70 und Anfang 80 wählte sie 16 Teilnehmer aus. Sie wurden in zwei Gruppen zu je acht Personen aufgeteilt, die getrennt eine

Woche in dem Kloster verbringen sollten. Dort wurde alles so hergerichtet, wie es Ende der 50er, Anfang der 60er-Jahre gewesen war: Der Fernsehapparat war ein klotziger Kasten, in dem man nur Schwarz-Weiß sehen konnte. Langer ließ die entsprechenden Filme besorgen wie „Ben Hur", „Psycho" oder „Odysee im Weltraum" von Stanley Kubrick. Die Musik war ebenfalls aus diesen Jahren, ebenso wie die Abspielgeräte: Plattenspieler, keine CD-Player. Die Männer der ersten Gruppe, die in ihrem Alltagsleben alle in sehr umsorgten Verhältnissen lebten, waren außerdem für ihre Mahlzeiten selbst verantwortlich. Sie mussten kochen, abwaschen und ihre Betten machen. Herausforderungen, die in den letzten Jahrzehnten kaum an sie gestellt worden waren. Diese experimentelle Gruppe wurde aufgefordert, sich vorzustellen, es sei tatsächlich das Jahr 1959. Alles, was in ihrem Leben nach dieser Zeit geschehen war, sollten die Teilnehmer total ausblenden.

Ganz anders waren die Bedingungen der Kontrollgruppe. Dort erhielten die Teilnehmer die Aufgabe, sich lediglich rückblickend mit dem auseinanderzusetzen, was sie 1959 persönlich und politisch beschäftigt hatte. Ansonsten waren sowohl die Zeitungen als auch das Fernsehen aus dem Jahr 1979. Nach Beendigung des Experiments wurden die Teilnehmer beider Gruppen gründlich untersucht und interviewt.

Bei den acht Männern, die sich 20 Jahre zurückversetzt hatten, waren stärkere Veränderungen messbar. Die Beweglichkeit ihrer Gelenke hatte sich verbessert. Sie wirkten fröhlicher und betrachteten ihre Zukunft positiver. Selbst bei den Intelligenztests schnitten sie besser ab als vor dem Experiment. Die zweite Gruppe fühlte sich ebenfalls verjüngt. Allerdings wirkten sie nicht ganz so positiv gestimmt wie die Teilnehmer der ersten Gruppe.

Ellen Langer hatte die Teilnehmer zu Beginn und nach Beendigung des Experiments fotografieren lassen. Auffällig war, dass neutrale Betrachter der Fotos alle Teilnehmer auf den neueren Fotos wesentlich jünger schätzten.

Die damals 34-jährige Professorin Ellen Langer und ihre Studenten waren begeistert. So viel Aufmerksamkeit ihr Experiment weltweit hatte, so ungehalten reagierten Langers konservative Kollegen. Die Tatsache aber, dass ein positiver und starker Wille ein Leben verändern und verbessern kann, war nicht mehr aus der Welt zu schaffen.

Jahre später wurde das Experiment mit Frauen zwischen 65 und 80 Jahren wiederholt. 16 Teilnehmerinnen, zwei Gruppen. Die Aufgabe war, sich im Jahr 2000 in die 80er-Jahre zurückzubeamen beziehungsweise sich an diese Zeit zu erinnern. Die Frauen wurden gebeten, falls sie noch Klamotten aus den 80ern hätten, diese zu tragen. Schulterpolster, Strass und Neonfarben hatten ihr Revival. Die Songs der Bee Gees, Phil Collins' „Against all odds" und Abbas „The winner takes it all" wurden aufgelegt und es wurde begeistert dazu gesungen und getanzt. Die Ladys hatten viel Spaß und sie drehten die Uhr tatsächlich um. Die zweite Gruppe, die sich nur über diese Zeit unterhielt, ohne Mode, Musik und Bücher aus den 80ern, fühlte sich zwar auch angeregt und um einiges jünger, aber das Ergebnis war weniger spektakulär.

Die Zeiten hatten sich inzwischen geändert und Professor Langers Forschung interessierte jetzt auch die zuvor unbelehrbaren Kollegen. Es war inzwischen klar, dass der Satz „Wir sind so jung, wie wir uns fühlen", keine bloße Wunschvorstellung und keine leere Floskel ist.

Altern – eine Frage der Einstellung

Wie wir alt werden, wird stark von unseren Vorstellungen

vom Altern beeinflusst. Davon, welche Bilder wir vor Augen haben, wenn wir an alte Menschen denken, behauptet Langer. „Die Macht der Gedanken" wurde zu Professor Langers Lebensthema. In Hunderten von Untersuchungen erforschte sie, wie Informationen, die wir empfangen und interpretieren, unser Leben beeinflussen.

Wir übernehmen Klischees, ohne sie zu hinterfragen: „Alte Menschen sind gebrechlich, dement und haben kaum noch eine selbst zu gestaltende Zukunft." Das wirkt fast wie eine „Selffulfilling Prophecy". Unser Bild vom Altern ist auch geprägt durch das Elternhaus, Schule und Freunde oder alte Menschen, mit denen wir in der Jugend Kontakt hatten. Alles, was wir übernehmen, ohne zu versuchen, es neu und anders zu denken, wird im Klischee enden. Sorgfältiger zu prüfen und neu zu denken fordert Ellen Langer deshalb. „Was wir sehen, hängt davon ab, worauf zu achten wir gelernt haben! Wir müssen unser altes Leben mit neuen Augen betrachten. Uns von Regeln verabschieden und neue erfinden!" „Reframing", dem Leben einen neuen Rahmen geben, nennt Langer das.

Niemand glaubt, zu altern wäre eine besonders leichte Übung. Dennoch birgt dieser Satz eine tröstliche Botschaft: *Wie wir altern, ist nicht nur eine biologische Frage, sondern wird wesentlich durch unsere Vorstellungen vom Älterwerden beeinflusst.*

Nach allem, was man heute weiß, sind rund 30 Prozent der Einflüsse, wie wir altern, genetisch vorbestimmt. Aber die Mehrzahl der Faktoren ist bedingt durch den Lebensstil: Wie wir mit Herausforderungen umgehen, welche Einstellung wir zu unserem Körper haben, wie wir die Balance zwischen Ruhe und Anspannung finden und soziale Kontakte pflegen.

Wenn ein älterer Mensch sich zutraut, bestimmte Dinge machen zu können, wenn er Ziele und einen Lebensentwurf hat, dann ist das entscheidend dafür, dass er es auch schafft.

„Selbstwirksamkeit" nennen Experten dieses Vertrauen darauf, selbst etwas tun und bewirken zu können. Doch um wählen zu können, muss man auch Ungewissheit ertragen, meint Professor Ellen Langer. Denn, wo kein Zweifel sei, gebe es auch keine Wahl. „Es ist die Unsicherheit, die wir im Auge behalten müssen. Nicht jede neue medizinische Mode übernehmen. Nicht jedes Vorurteil ungeprüft gelten lassen. Wenn wir aufmerksamer sind, ist der Lohn, dass wir Wahlmöglichkeiten schaffen können. Dann haben wir die Möglichkeit, Kontrolle über unser Leben auszuüben.»

Das kann auch dazu beitragen, sich weniger ausgeliefert zu fühlen, wenn man an das Alter denkt, eine positivere Haltung einzunehmen – und vielleicht sogar länger zu leben – in diese Richtung weist zumindest eine andere Studie von Professor Langer.

Der Hamburger Altersforscher Wolfgang von Renteln-Kruse bestätigt diese Erkenntnis: Das Entscheidende spiele sich im Kopf ab. Wir bräuchten ein anderes Bild vom Altern. Viele Menschen ließen nur deshalb in ihren Leistungen nach, weil sie den Glauben an sich verlören. Gedanken könnten Bäume versetzen, meint von Renteln-Kruse. Er kennt auch die negativen Beispiele vorgefasster Einstellungen aus seiner Arbeit. Als ein Beispiel führt er das sogenannte Post-Fall-Syndrom an, das bei älteren Frauen häufiger zu beobachten sei als bei älteren Männern. Wenn im Alltag noch völlig mobile Menschen stürzen und sich einen Knochenbruch zuziehen, kann das ein gravierender Einschnitt sein und möglicherweise fatale Folgen haben: Die Angst, das Gleiche könnte wieder passieren, würde dazu führen, dass man nicht nur vorsichtiger gehen, sondern auch Dinge, die einem bis dahin selbstverständlich gewesen seien, einschränken würde. Der Aktionsradius schränkt sich mehr und mehr ein, man ist körperlich weniger aktiv und gerät in einen Teufelskreis. Die Furcht untergräbt den Glauben an die eigenen Fähigkeiten und man traut sich immer weniger zu. Und so verliere man im Lauf der Zeit tatsächlich die Fähigkeit, aktiv zu sein.

Super Ager und Couch-Potatoes

Die Neurologen Lisa Feldman Barrett und Marsel Mesulam vom Massachusetts General Hospital (USA) wollten es genau wissen: Was macht den Unterschied zwischen lebensfrohen und agilen alten Menschen und ihren trübsinnigen desinteressierten Altersgenossen aus? Warum sind die einen noch fit und voller Zukunftsplänen und die anderen siechen quasi vor sich hin?

Sie suchten sich 17 „Super Ager" zwischen 65 und 80 Jahren, die voller Zukunftspläne und geistig auf der Höhe der Zeit waren. Die acht Männer und neun Frauen wurden für ein Gehirnscreening in einen Magnetresonanztomographen (MRT) gesteckt, um die Dicke der einzelnen Schichten (Lappen) zu messen. Danach wurde das Gehirnscreening an Personen zwischen 25 und 32 Jahren durchgeführt. Bei beiden war die Dicke der Gehirnlappen nahezu gleich.

Ein drittes Screening untersuchte nicht so fitte Senioren. Das Ergebnis verblüffte die Neurologen. Die Gehirnschichten waren durch Arthrose oder andere Beschwerden wesentlich dünner. Diese Gruppe empfand das Alter als beschwerlich und wenig lebenswert. Sie hatte auch in den vergangenen Jahrzehnten, im Gegensatz zu den „Super-Alten", wenige Anstrengungen unternommen, um ihr Gedächtnis zu schulen oder sich geistig fit zu halten.

Das Fazit der Ärzte war: Je mehr man sein Gehirn trainiert und auch physisch bis an die eigenen Grenzen geht, desto fitter und lebensfroher kann man sein Alter genießen.

Noch vor 100 Jahren galt ein erreichtes Alter von 70 Jahren als steinalt. Inzwischen werden die Menschen 90 und auch 100 Jahre. Heute 70 Jahre alt zu sein, bedeutet nicht, schon mit einem Fuß im Grab zu stehen. Es kann sogar befreiend sein, sich endlich ganz auf die eigene Person zu konzentrieren. Sich Wünsche zu erfüllen, mit verschollenen Freunden wieder Kontakt aufzunehmen. Voraussetzung dafür ist allerdings, dass wir die bestehenden Klischees aus unseren Köpfen verbannen! Dass wir neu denken und uns nicht in der Herde der Ewiggestrigen verstecken.

Was aber unabdingbar zur mutigen Bewältigung des letzten Lebensdrittels zählt, sind: Neugierde, Offenheit, Humor und der Mut zu unbequemen Meinungen. Wer – wenn nicht die Alten dürften sich das leisten!

Wer *nicht alt* werden will, *muss jung* sterben!

Es gibt nur einen Weg zum Glück und der bedeutet, aufzuhören mit der Sorge um Dinge, die jenseits der Grenzen unseres Einflussvermögens liegen.

Epiktet (ca. 50–138), griechischer Philosoph

„Wer nicht alt werden will, muss jung sterben" – das klingt brutal, ist aber die Wahrheit. Niemand wird leugnen, dass irgendwann die Kräfte nachlassen. Aber es ist ein Worst-Case-Szenario sich auszumalen, dass man irgendwann womöglich ein Pflegefall wird, dass man langsam in die Demenz gleitet und nicht mehr ganz auf der Höhe seiner bisherigen geistigen Wahrnehmungen mitspielt. Dieser schlimmste Fall tritt nicht zwangsläufig ein – und man kann etwas dagegen tun!

Die im Alter von 103 Jahren verstorbene Nobelpreisträgerin und Neurobiologin Rita Montalcini verfasste im Alter von 89 Jahren ein kleines Buch mit dem Titel „Die Vorzüge des Alters". Ihre These: Obwohl wir täglich und unwiderruflich Hunderttausende von Hirnzellen verlieren, schafft es ein kognitiv wie kreativ trainiertes Gehirn problemlos, ganze Regionen zu reaktivieren. Wer seine grauen Zellen beständig auf Trab hält, darf im hohen Alter durchaus auf geistige Fitness hoffen. Anstatt jede Erinnerungslücke zum Alzheimer-Debakel aufzubauschen, sollten wir unser ohnehin ständig wachsendes Wissen dazu nutzen, freies Assoziieren zu üben, herumzuspinnen, zu träumen und uns spielerisch in unbekannte wie noch ungedachte Regionen zu begeben.

Wir allein bestimmen, ob wir das Ticken des Sekundenzeigers als nahendes Todesurteil empfinden oder als Soundtrack für ein erfülltes Leben.

In dem Haus, in dem ich wohne, lebt eine alte Dame. Allein in einer Zweizimmerwohnung. Ich sehe sie sehr oft, wenn sie mit einem Stock, leicht gebeugt, zum nahen Elisabethmarkt geht. Bei schönem Wetter setzt sie sich auf eine Bank und beobachtet die Besucher. Sie hat schlohweißes Haar, ihr kleines Gesicht zeigt die Linien eines langen Lebens. Sie sagt zu meinem Hund „Na du", nickt mir freundlich zu und geht ihres Weges. Wirklichen Kontakt sucht sie nicht. Sie scheint sich selbst zu genügen. Dass sie alt ist, ist nicht zu übersehen. Aber dass sie über 100 Jahre hinter sich gebracht hat, erscheint mir unglaublich. Einmal sind wir doch ins Gespräch gekommen.

„Wissen Sie", sagte die alte Dame, „es ist eine Gnade so alt zu werden! Zwar sehe ich nicht mehr so gut und auch das Treppensteigen fällt mir schwer! Die Gelenke zwicken immer häufiger! Aber sonst kann ich nicht klagen. Ich versorge mich noch ganz allein. Darauf bin ich richtig stolz! Allerdings", sie sieht meinen Hund an, „so ein Tierchen hätte ich schon noch gern! Aber – was nicht geht, geht eben nicht!"

Der Firlefanz und die Sorgen, die sich 40 Jahre jüngere Frauen um ihr Alter machen, sind meilenweit von ihr entfernt. Ängste um Falten und Figur scheint sie nie gekannt zu haben. Sie trägt ihr hohes Alter wie eine Aufgabe, die man ihr überantwortet hat.

Viel zu früh bereut?

Es ist falsch zu glauben, dass jung das absolute Gegenteil von alt ist. Jung: mutig, unbekümmert, unternehmenslustig. Alt: ängstlich, zögerlich und in der Vergangenheit lebend. „Alt", sagt die französische Schauspielerin Catherine Deneuve, „ist immer mindestens 15 Jahre älter, als ich es bin!" Die Harvard-Professorin Ellen Langer meint dazu: „Die wirklichen Alten, also diejenigen, die sich dem Altwerden ergeben haben, erkennt man daran, dass sie viel zu viele Einwände haben, sich viel zu lange Rat einholen und viel zu früh bereuen."

Mit 70 hat man zwar schon eine Menge Jahre hinter sich. Einen Grund sich ausrangiert zu fühlen, minderwertig oder überflüssig, sehe ich nicht. Im Gegenteil. Selbst wenn ich nicht gern 100 Jahre werden möchte, 15 oder 20 gute Jahre kann ich mir absolut noch vorstellen. Natürlich nur dann, wenn die Gesundheit einigermaßen mitspielt. Das Wissen, selbst alt zu sein, hat in diesem Zusammenhang eine weniger bedrohliche Wirkung. Was sind 70 Jahre, wenn wir einer Hundertjährigen, die ihr Leben noch völlig allein regelt, gegenüberstehen?

Aber vielleicht wäre es ein erster Schritt, um das beunruhigende Empfinden, das sich einschleicht, wenn es um die Worte alt oder Alter geht, in den Griff zu bekommen, wenn wir unterschiedliche Begriffe für die Jahre nach dem 65. Geburtstag finden. Bei einer Umfrage in einer Zeitschrift kamen Vorschläge wie: das dritte oder das vierte Lebensalter. Da das Wort Alter sehr angstbesetzt ist, schlägt eine andere Studie Lebensphase vor. Das hört sich nicht ganz so dröge an wie das dritte oder vierte Lebensalter und ist nicht so vorbelastet wie die Begriffe: Alte oder – noch schlimmer – Seniorin.

Früher hieß alt zu sein, besonders für Frauen, nicht mehr mitspielen zu dürfen im großen Lebenstheater. Man war Oma, verbitterte Jungfer oder einsame Witwe. Nur ganz selten wurde man als Gegensatz zum Herrn des Hauses als Herrin des Hauses, als diejenige, die das Sagen hatte, akzeptiert.

„Männer reifen – Frauen verblühen"
Das ist eine selbst unter Frauen noch immer weit verbreitete Sichtweise. Nur zögerlich ändert sich dieses altersschiefe Frauenbild. Männer sollten sich hin und wieder ihr eigenes

Spiegelbild ins Gedächtnis rufen, auch wenn sie im Alter auf eine Karriere verweisen können. Leider wird die Welt immer noch zu einem großen Teil von alten Männern regiert – in Politik und Wirtschaft, Justiz und Presse, Kunst und Kultur. Männer definieren sich über ihren Job. Zu viele Frauen hingegen immer noch über ihr Aussehen.

Dazu trägt auch eine Anzahl von „Hardcore-Machos" bei. Sie pöbeln und schlagen um sich wie wild gewordene Stiere. Silvio Berlusconi, der ehemalige italienische Premier, versammelte für seine „Bunga-Bunga-Spiele" nur Frauen um sich, die seine Enkelinnen hätten sein können. Donald S. Trump, amerikanischer Präsident, macht ebenfalls keinen Hehl daraus, dass für ihn Frauen ein Ablaufdatum haben, dessen Gipfel bei 45 Jahren liegt.

Da gibt es im Netz aufwendig gestaltete antifeministische Blogs, etwa einen, der „Männer Magazin" heißt und von einem Typen verantwortet wird, der sich Leutnant Dino nennt. Ob ein Rest von Ironie hinter der Namensgebung steckt? Gelesen wird es von unzähligen Gleichgesinnten ab 45. Sprüche wie: „Frauen sind Haustiere. Alte Frauen sind unnütze Haustiere" sind da noch die harmlosesten. Solche Blogs erwachsen aus einem Umfeld, das die oben beschriebene Sicht auf ältere Frauen pervertiert und auf die Spitze treibt. Das Leben ist zu kurz, um sich mit solchem Gesudel aufzuhalten. Lassen Sie sich nicht verunsichern – Ihre Erfahrung, Ihr Leben haben Respekt verdient und Sie sollten die erste sein, sich diesen Respekt zu zollen.

Also Ladys: Falls Sie auf solche Statements stoßen, ob im Netz oder in der direkten Konfrontation, führen Sie sich vor Augen, dass es sich hier um bedauernswerte Exemplare der männlichen Gattung handelt, die keineswegs satisfaktionsfähig sind. Mögen die Herren welken, wir reifen!

Das
Ende des
Jugendwahns

Lästern Sie nicht über meine Falten.
Ich habe sie mir über Jahre redlich erworben!

Iris Apfel (* 1921),
amerikanische Allround-Künstlerin und Fashion-Ikone

Nahezu nichts wurde älteren Frauen bis Ende der 90er-Jahre zugetraut. Sie waren selten in den Chefetagen der Konzerne zu sehen, hatten kaum Stimmen in der Finanzwirtschaft und in der Werbung tauchten sie schon gleich gar nicht auf. Die einzigen Oldies in der Werbung waren Hausmütterchen oder liebe Omas. Sie priesen Kochtöpfe, Waschmittel und Bügeleisen an. Davon, so die Idee, verstanden sie etwas. Da waren sie glaubwürdig. Außerdem sei ihre Kaufkraft zu gering, begründeten die Werber dieses „No show". Die Alten böten keinen Kaufanreiz für die Kunden. Junge, hübsche Models empfahlen die Cremes, Reisen und Kleidung für die Zielgruppe 50 plus. Diese immer älter werdende Generation hatte zu der Zeit noch keine Lobby.

Geändert hat sich das erst, als die Frauen aus dieser verschmähten Klientel auch Karriere machten. Als sie genügend Geld verdienten, das sie ausgeben konnten. Die Marketingexpertin Cornelia Zanger von der Technischen Universität Chemnitz hat in einer Untersuchung festgestellt, dass die heutigen 65- bis 85-Jährigen genussorientierter sind und für gute Lebensqualität gern mehr Geld ausgeben. Die über 55-jährigen Deutschen würden jeden Monat 15 Milliarden Euro verpulvern, die 20- bis 25-Jährigen dagegen brächten gerade mal 5 Milliarden unters Volk.

Selbst die verstocktesten Werber mussten einsehen, dass ihnen, wenn sie nicht bald die Älteren umgarnen, die lukrativste Schicht der Konsumenten durch die Lappen geht. Wer mit 75 noch so fit ist wie mit 60, wird – ein entsprechendes Alterseinkommen vorausgesetzt – auf ein Auto, Reisen, modische Kleidung und eine abwechslungsreiche Freizeitgestaltung nicht verzichten wollen.

Hannelore Elsner

Das Fernsehen war schon ein paar Jahre früher so clever. Mit Stars wie Hannelore Elsner, Uschi Glas, Senta Berger oder Christiane Hörbiger brachte es den Typus der attraktiven, in die Jahre gekommenen Schauspielerinnen auf den Bildschirm. Angestoßen hat diesen Wandel die auch in Deutschland gezeigte Serie „Golden Girls". Ein Welterfolg. Selbst die biedere Mutter Beimer aus der „Lindenstraße" durfte danach erotische Gefühle zeigen und von Abenteuern träumen.

Reife, lebenserfahrenere Models warben plötzlich für die Produkte ihrer Altersgruppe. Jahrelang hatten die Verantwortlichen nur Augen für die Millennials, die in den 90er-Jahren Geborenen. Kirsty Fuller, Vorstandsvorsitzende der Agentur Flamingo, stellt fest, dass viele Manager noch immer Angst hätten, ihre Marken wären nicht mehr cool, wenn sie älteren Menschen gefallen und auch von ihnen vorgestellt würden.

Dabei sei diese Furcht unbegründet. Denn es würden deshalb ja nicht ausschließlich Alte angesprochen, sondern nur alle potenziellen Käufer einbezogen. Und dazu gehörten die Jungen ebenso wie die Generation 50 plus. Diese Generation hat ausreichend finanzielle Mittel zur Verfügung und gibt sie auch mit vollen Händen aus. Für die Familie, für Freizeitaktivitäten, für Reisen, aber auch für Gesundheit und Medizin. Das weiß auch Werner Ballhaus, Leiter des Bereichs Technologie, Medien und Telekommunikation bei PWC in Deutschland. Auch er bestätigt, dass die Werbewirtschaft bei neuen Trends auch die Babyboomer-Generation im Blick hat. Aus derselben Studie geht hervor, dass diese Altersgruppe im Jahr 2017 z. B. in Amerika 70 Prozent des verfügbaren Einkommens ausgeben wird. Die Älteren sind, das gilt auch für Europa, die am stärksten wachsende Konsumgruppe.

Die Entmystifizierung des Alters

80 ist das neue 60 – sagt der Werber Jean-Remy von Matt.

Die Alten von heute haben nur noch wenig mit den Alten von gestern zu tun. Allen voran die Frauen, die noch dazu durch eine längere Lebensdauer begünstigt sind. Haben die Werbefuzzis früher behauptet, alte Menschen würden sich nicht für neue Produkte interessieren, seien also nicht wichtig für Kampagnen, müssen sie heute zähneknirschend gestehen:

„Die Alten, vor allem die Frauen zwischen 60 und 80, sind die Käuferinnen von morgen!"

Florian Haller, Chef der Münchner Werbeagentur Service Plan, sagt dazu: „Die Überzeugung, dass nur Menschen zwischen 19 und 49 für Werbung ansprechbar sind, ist falsch. Es stimmt nicht, dass sich Markenpräferenzen im Alter von 20 prägen. Das ist Blödsinn. Es gibt zwar immer noch die Alten, die sich für Treppenlifte und Baldrianpillen interessieren, aber eben auch jene, die nach einem Kleid für die nächste Vernissage in Berlin-Mitte suchen. Dass bald nur noch alte Models zu sehen sein werden, glaube ich nicht! Werbung soll schließlich inspirierend sein." Haller weiß aber auch: „So cool die Senioren-Models auch sind – die Alten sehen in Kampagnen gerne auch mal Jüngere."

In den Führungsetagen der Agenturen wimmelt es dagegen nur so von jungen Alten. Frontmann der Bewegung ist Jean-Remy von Matt, der Kreativchef der Hamburger Werbeagentur Jung von Matt. Im Alter von 62 Jahren posierte er selbst als Werbemodel. Für das Unterwäschelabel Mey zeigte von Matt stolz seinen Waschbrettbauch. Die immer wiederkehrende Frage, wann er endlich seine Nachfolge regelt, blockt er beharrlich ab. Warum sollte er auch aufhören? „80 ist das neue 60", behauptet von Matt.

Für – und nicht gegen das Alter

Die Firma Unilever hat 2010 für ihre Marke „Dove" eine Reihe ganz normaler Frauen zwischen 58 und 65 Jahren nackt fotografiert. Es waren schöne ästhetische Fotos ohne Photoshop-Behandlung.

Die Leiterin dieser Kampagne, Nicole Ehlen, sagt dazu, nicht Anti-Aging sollte propagiert werden, sondern „Pro-Age". „Wir möchten mit unseren Kampagnen das Schönheitsideal von 90-60-90 cm mit einer Diskussion über Schönheit im Alter erweitern. Wir haben in Studien festgestellt, dass Frauen sich mehr realistischere Frauenbilder ihres Alters wünschen. Wir wollen Frauen zeigen, die Falten, graue Haare und ein paar Kilo zu viel haben. Die aber dennoch eine tolle Ausstrahlung besitzen."

Auch der Kosmetikriese Procter & Gamble verkauft inzwischen seine Anti-Aging-Produkte auf der P&G–Kommunikationsplattform „Victoria – Lebenslust ist zeitlos". Dort wird über Lifestyle geschrieben, darüber z. B., dass graue Haare plötzlich unglaublich in sind. Sowohl bei den jungen als auch den alten Ladys. Das Mittel zum schönen Grau stellt natürlich Procter & Gamble her.

Die 80-jährige Journalistin und Schriftstellerin Joan Didion zum Beispiel hat 2015 für das Modehaus Celine Fotos mit einer neuen Sonnenbrillen-Kollektion gemacht. Didion, die nun nicht gerade eine alterslose Beauty ist, zeigt ihre schüttere Frisur und den faltigen Hals ohne große Korrekturen mit größter Selbstverständlichkeit.

Deutsche Firmen zogen nach: Der Modekonzern Aigner engagierte für seine Kampagne 2016 die 94-jährige New Yorker Stilikone Iris Apfel. Die exzentrische Lady posierte gemeinsam mit dem 23-jährigen Model Toni Garn. „Wir hatten beide wahnsinnig viel Spaß. Iris ist eine unglaubliche Person. Sie ist ein Vorbild für mich!", schwärmte Toni Garn nach der Produktion.

Schon vor etwa 10 Jahren schickte der französische Modeschöpfer Jean-Paul Gaultier zu seiner Show ein 60-jähriges Model auf den Laufsteg. Eine weißhaarige, schlanke, sehr aufrecht gehende stolze Walküre. Die angereiste Prominenz und das Fachpublikum waren fassungslos. Es war nichts weniger als ein totaler Bruch mit der bisherigen Verherrlichung der Jugend. Die Zeitungen überschlugen sich in ihren Berichten. Sie nannten Gaultier einen Rocker, einen Verrückten, der um einer Sensation willen alles auf den Kopf stelle. Gaultier aber ließ sich nicht beirren: „Das Gesicht war nicht von einem Chirurgen geglättet. Aber sie strahlte ein derartiges Selbstbewusstsein aus und ihre Lebensfreude brachte am Ende alle Kritiker zum Schweigen!"

Heute laufen ganz selbstverständlich zwischen den untergewichtigen Models ältere Frauen. Tragen ihre grauen oder weißen Mähnen zu den neuesten Kreationen – und nur hin und wieder kommt ein leises Raunen auf. Längst buchen auch weniger experimentierfreudige Designer Ladys über 70 für ihre Shootings und Shows.

Eveline Hall, eine 72-jährige deutsche Tänzerin, Schauspielerin und Sängerin, läuft auf den Schauen von Michael Michalsky und Jean-Paul Gaultier. In einem Interview mit der „Daily News" sagte Hall: „Es gibt kein Model, schon gar nicht in meinem Alter, das eine große Tanzkarriere an der Oper, dem klassischen Theater und im Showbusiness in Las Vegas vorweisen kann. Diese Kombination gibt es bei kaum jemanden. Ich hatte Glück, dass ich überall ein- und aussteigen konnte. Ganz großes Glück! Wenn mich jemand engagiert, muss er begründen, warum er mich will. Das kann ein tolles Outfit oder eine besondere Geschichte sein. Nur weil ich eine alte Frau auf dem Laufsteg bin, werde ich mich nicht zur Lachnummer machen lassen!"

Inzwischen sind auch die Zeitschriften-Verleger aus ihrem Dornröschenschlaf erwacht. Einige, die ganz vorsichtig Magazine für Frauen von 40 plus testeten und wieder einstellten, machen heute Gewinne mit Frauenmagazinen, deren Leserinnen 65 plus sind.

Besonders mutig: die Modebibel „Vogue"

Die britische „Vogue" hat für ihre Juni-Ausgabe 2016 und zur Feier ihres 100-jährigen Bestehens für eine Werbestrecke des Londoner Luxuskaufhauses Harvey Nichols mit einer ebenfalls 100-jährigen Lady als Model gearbeitet. Madam Marjorie ‚Bo' Gilbert, Witwe und pensionierte Direktorin einer Kartonfabrik, ist eine weißhaarige, schlanke Dame mit roter Brille und einem unergründlichen Lächeln. Sie ist der nicht zu schlagende Beweis, dass hohes Alter nicht unbedingt in körperlichem Verfall enden muss.

Wollen Sie mal herzlich lachen?

Die Marketingstrategen, die sich so schrecklich wichtig nehmen, sind immer gut für fantasievolle Abkürzungen. Wie Geheimcodes muten die Abkürzungen für die ältere Klientel an: Ihre „gray" oder „masterconsumers" packen sie in folgende Kürzel:

Sie sind:

- selpies (second life people)
- woopies (well off older people)
- grumpies (growing retired active people)
- grampies (growing retired active moneyed people in an excellent state)
- Uhus (unter Hundertjährige)

Sie dürfen sich jetzt aussuchen, ob Sie zu den Uhus oder den woopies gehören.

Viel Spaß!

Die Zeit ist immer reif, es fragt sich nur wofür.

François Mauriac (1885–1970),
französischer Schriftsteller

Das erste graue Haar entdeckte ich, als ich 59 Jahre alt wurde. Es war ein Schamhaar. Ich riss es empört aus. Darüber nachzugrübeln, ob jetzt ein Abschnitt meines Lebens enden würde – dazu hatte ich wenig Lust! Aber dieses blöde Haar ging mir nicht mehr aus dem Kopf. Was dann begann, war zumindest für mich ziemlich ungewöhnlich.

Ich war immer eine sehr selbstbewusste, durch wenig zu irritierende Person. Ich habe nie gezögert, notwendige Entscheidungen zu treffen. Plötzlich stellte sich da etwas quer. Ich stellte mich quer. Was verunsicherte mich so? Ein einzelnes Haar? Wollte mir das Schicksal ein Zeichen geben? Mich an das Ende heranführen? Um es kurz zu machen: Ich geriet in eine Krise.

Zum ersten Mal dachte ich über mein Alter nach. Bisher waren es nur die anderen, die alt waren, alt aussahen, sich alt gebärdeten. Ich selbst befand mich irgendwo im Nirgendwo. Das war im Grunde keine sehr komfortable Position, wenn man noch einige Jahre gut und zufrieden leben wollte.

Ehrlichkeit ist angesagt

Ich begann, mir die folgenden Fragen zu stellen. Sie zu beantworten ist nicht unbedingt leicht gewesen.

Wer bin ich?
1. Wie sehe ich mich? Habe ich ein viel zu positives Bild von mir?

2. Welche Macken habe ich und woran hindern mich diese?
3. Welche Fehler der Vergangenheit kann ich noch ausmerzen?
4. Habe ich eine Vorstellung, wie ich altern möchte?
5. Habe ich Angst vor dem, was mich in den nächsten Jahren erwartet?
6. Ist meine augenblickliche Lebensgestaltung die richtige?
7. Gibt es Vorbilder?
8. Ertrage ich mein Spiegelbild?
9. Was passiert mit meinem Körper? Wie gehe ich damit um?
10. Wo sind meine „alten" Freunde und schließe ich noch neue Freundschaften?

Diese Fragen offen und ohne Ausflüchte zu beantworten ist eine Herausforderung. Aber es ist absolut notwendig! Ich habe es nach vielen Ausflüchten getan. Sich Schwächen einzugestehen ist mehr als schwierig. Aber, so habe ich es empfunden, es befreit auch. Vieles wird leichter. Was nicht mehr zu korrigieren ist, muss man abhaken und vergessen. Das Paket der Unzulänglichkeiten zu ordnen, wegzulegen und seinen Frieden mit den jahrelang begütigend betrachteten Fehlern zu machen erleichtert es, den kommenden Ballast der letzten Jahre zu ertragen.

Der Philosoph Wilhelm Schmid meint, dass der Schlüssel zu einer erfolgreichen Bewältigung des Alters in einer gelassenen Haltung liegt. Er empfiehlt, Gelassenheit in kleinen Schritten zu üben. Die Belohnung, so Schmid, sei ein unaufgeregtes, positives Annehmen dieser vierten Lebensphase.

Ich habe zehn Frauen meinen kleinen Fragebogen gegeben. Einige haben sich, angeregt von den Fragen, ihre eigenen Gedanken dazu gemacht.

Christa K. (68), Schneiderin

„Ich habe die Fragen erst einmal zur Seite gelegt. Alt werden und alt sein ist für mich ein schwieriges Thema. Mein Mann hat mich vor einem Jahr verlassen und sich eine Jüngere genommen. Ich war total am Boden. Habe alles und besonders mich selbst nur noch negativ gesehen. Inzwischen geht es mir etwas besser. Ich war in der Vergangenheit viel zu gutgläubig. Habe selten Dinge hinterfragt. Mich immer unterbuttern lassen. Wahrscheinlich war ich einfach zu feige. Vor jedem Nein hatte ich Angst.

Wie ich mir mein Alter vorstelle, damit habe ich mich nie beschäftigt. Mein Spiegelbild ertrage ich schlecht. Nach dem Schock über die Trennung von meinem Mann habe ich mich sehr gehen lassen. Damit ist jetzt Schluss. Ich erwäge sogar, mir die Falten mit Botox glätten zu lassen. Meine Tochter bestärkt mich sogar darin. Das tut mir gut. Vorbilder, wie ich altern möchte, habe ich nicht."

Margot R. (70) hat eine Modeboutique und steht auch noch täglich in ihrem Laden

„Du lieber Himmel – derartige Fragen habe ich bewusst vermieden. Das Alter gestalten? Gestaltet das Alter nicht uns? Falten, Knochenbrüche, Hüften, die mürbe wurden, Brüste, die hängen, und Oberarme, die wie Chickenwings aussehen, und vieles andere mehr. Altwerden und dann Altsein sind eine ziemliche Herausforderung.

Da ich meine Boutique selbst führe, stelle ich mich jeden Morgen meinem Spiegelbild. Angenehm ist das nicht. Manchmal glaube ich, über Nacht um Jahre gealtert zu sein. Dann wieder, an ‚guten Tagen', gefalle ich mir. Ich gehe beschwingt in die Boutique. Und, Wunder, oh Wunder, verkaufe und berate, als hätte ich ein Glückshormon entdeckt.

Ich lebe allein und mag es so. Ich war verheiratet, wir harmonierten nicht, ein ekelhafter Scheidungskrieg machte ein freundliches Danach nicht mehr möglich. In den anschließenden Beziehungen sprach ich über Freiheiten, die man sich gegenseitig lassen müsse, und wollte eigentlich nur jemanden, der mich in den Arm nahm und sagte: Ich will nur dich und das für immer!

Ich bin nicht mutig. Mein Spiegelbild ertrage ich kaum. Ich sehe mich anscheinend durch eine völlig andere Brille. Aber ich habe einen Entschluss gefasst: Dieses Davonrennen hört auf. Ich stelle mich – mir und meiner angeborenen Feigheit. Ja – ich habe Angst vor diesen letzten Jahren. Davor, dement zu werden. Hilflos in einem Rollstuhl zu sitzen und nicht mehr am Leben teilnehmen zu können. Meine Kinder leben weit weg von mir. Unser Kontakt ist nicht sehr eng. Wer wird sich um mich kümmern?"

Uschi L. (72), Lehrerin, war aktiv in der feministischen Szene der 60er-Jahre
„Wir haben gekämpft. Waren auf der Straße, egal wie ekelhaft das Wetter war. Abtreibung, Schwulenrechte, Rechte für Frauen, wir kämpften und gewannen einiges. Feminismus war angesagt. Alice Schwarzer, Gloria Steinem, Betty Friedan – das waren unsere Vorbilder. Leider hat uns damals und auch später niemand auf das Alter vorbereitet.

Von einer aufregenden Jugend sind wir in unseren späten Jahren in eine nach allen Seiten gleichgültige Gesellschaft hineingeschlittert. Feministinnen der ersten Stunde sind heute schlecht gelitten. Die jungen Frauen von heute profitieren von den Freiheiten, die wir für sie erstritten hatten. Heutige Vorbilder sind so leere Hülsen und Gesichter wie Heidi Klum oder Verona Pooth. Die gehen nicht auf Barrikaden und proben nicht den Ungehorsam. Sie proben lieber ein verführerisches Lächeln oder einen sexy Hüftschwung.

Wie ich mich fühle in diesem Klima der absoluten Teilnahmslosigkeit? Mies, und ich kann schlecht damit umgehen. Wenn ich in den Spiegel schaue, sehe ich ein müdes, altes Gesicht. Ich habe Kontakte schleifen lassen. Mich nicht gekümmert um Freunde, die ich einmal sehr wichtig fand. Das muss ich ändern. Und ich will es auch ändern. So ganz allein vor sich hin zu leben, ist nicht wirklich erfüllend."

Frieda O. (72) war Landschaftsarchitektin und hat viele Jahre in Südfrankreich gelebt

„Durch mein ewiges Hin und Her zwischen Frankreich und Deutschland sind viele Freundschaften auf der Strecke geblieben. Ich bemühe mich gerade, die Fäden neu zu knüpfen.

Vor zwei Jahren wurde bei mir Brustkrebs festgestellt. Meine Kinder waren außer sich. ‚Wird Mutter daran sterben?', war ihre Frage und Sorge. Zwei meiner Mädchen lebten inzwischen mit eigenen Familien in San Franscisco und Los Angeles. Ihre Ehemänner waren Amerikaner. Tochter Solveig lebte mit ihrer lesbischen Freundin in Paris. Mein Exmann, ein Deutscher, lehrte an der Harvard University. Also, alles war zerstreut und vogelwild durcheinandergeraten.

Wir trafen uns bei größeren Festen in meinem Haus in den Bergen über St. Raphael. Das waren in Stein gemeißelte Termine. Für das Jahr, in dem der Krebs bei mir entdeckt wurde, hatten alle Kinder dieses Treffen aus den unterschiedlichsten Gründen abgesagt. ‚Wir holen das nach!', hieß es in ihren Entschuldigungen. Doch plötzlich war alles unsicher. Ich war krank. In einem Moment der Schwäche und Rührseligkeit habe ich damals einem meiner Mädchen von meinem lebenslangen Traum erzählt: ‚Mein größter Wunsch war es immer, mit all meinen Kindern, deren Männern, den Enkelkindern und den engsten Freunden in meinem Haus in Frankreich, um den großen Esstisch zu sitzen und meinen 70. Geburtstag zu feiern.'

Das ist jetzt zwei Jahre her. Ich hatte gerade meine erste Chemo hinter mir und eine Pause von sechs Wochen war mir gestattet worden. Solveig kam mit ihrer Freundin aus Paris nach Berlin. Sie packten mich in den Flieger nach Nizza und wir fuhren zu meinem Haus in den Bergen. Ich dachte: Wie rührend, sie wollen meinen letzten, den 70. Geburtstag mit mir feiern. Als wir oben ankamen, standen alle Kinder, deren Ehemänner und die Enkel und auch mein Ex und fünf uralte Freunde von mir vor dem Haus. Ich habe nur noch geheult!

Die Töchter kochten, die Männer sorgten für Wein und Champagner und die Enkel fanden, dass Großmutter doch noch zu gebrauchen war. Wir saßen um diesen Esstisch. Drei Tage lang. Ich war glücklich. Mein Traum war in Erfüllung gegangen. Was sollte jetzt noch passieren?

Ich habe den Krebs überstanden. Und die Kinder kommen jetzt jedes Jahr ohne die üblichen Ausreden. Wir feiern zusammen und ich finde mein Leben wunderbar. Alt zu sein kann auch schöne Seiten haben!"

Clara K. (75), Bäuerin, lebt in einem großen Gehöft in der Nähe von Kitzbühel

„So viele Fragen, auf die ich gar nicht antworten kann. Sie betreffen mich nicht. Mein Aussehen war mir noch nie so wichtig gewesen. Ich habe ein Leben lang hart gearbeitet. Große Katastrophen hat es bei uns nie gegeben. Mein Mann, der Georg, hat immer alles mit mir besprochen. Wir haben gemeinsam entschieden, auf welche Schulen unsere fünf Kinder gehen sollten. Das war in den 50er- und 60er-Jahren hier auf dem Land schon sehr modern. Meistens hatten die Frauen nichts zu sagen. Nächstes Jahr wird der Georg 80 Jahre alt. Dann müssen wir einen neuen Knecht einstellen. Er soll nicht mehr so schwer arbeiten. Sein Rücken ist kaputt. Ich selbst kann noch gut schaffen. Ich bin zufrieden, so wie es ist."

Ingrid O. (66), Krankenschwester

„Mir graut davor, 80 oder noch älter zu werden. Meine Mutter starb mit 76 und war schwer dement. Aber vielleicht hat man ja in ein paar Jahren ein Medikament gegen Alzheimer & Co. gefunden. Ich bin seit fast 40 Jahren in diesem Beruf, das schlaucht. Ein fröhlicher Hüpfer bin ich nicht mehr. Eigentlich bin ich Rentnerin – aber das Geld reicht nicht. Ich arbeite noch drei Tage in der Woche bei einem privaten Pflegedienst. Ich war nie verheiratet. Habe einen unehelichen Sohn, der nur von sich hören lässt, wenn er etwas braucht. Eines habe ich in meinem Leben richtig gemacht: Ich habe meine Freundschaften gepflegt. Das gibt mir Halt. Vorbilder habe ich keine. Trotz meines Berufes bin ich keine Mutter Theresa."

Gesa V. (78), Professorin für Gesellschaftswissenschaften an der Universität in Genf

„Komischerweise habe ich mich immer jünger gesehen. Mein wahres Alter, das sind für mich nur Zahlen. Nicht mehr! Wahrscheinlich lag es auch an den vielen jungen Leuten, die mich haben jung fühlen lassen. Ich habe auch neben der Uni immer viel mit jungen Menschen zu tun gehabt. Die Diskussionen mit ihnen haben mir Spaß gemacht. Eigene Kinder habe ich nie gewollt. Ich war für meine Nichten und Neffen die perfekte Tante.

In den letzten zehn Jahren aber hat sich einiges auch bei meinen Studenten verändert: Die Jungen werden immer konservativer. Wir Alten immer moderner und wagemutiger. Ängste, die mein Alter angehen, habe ich nicht. Ich bin gesund und sehe auch noch ganz passabel aus. Mein langjähriger Lebensgefährte ist 20 Jahre jünger. Das spornt mich an, mich nicht gehen zu lassen. Ich finde mein Leben optimal."

Margot D. (67), Galeristin
„Der Fragebogen hat mich deprimiert. Mir sind zum ersten Mal meine vielen Versäumnisse aufgefallen. Ich habe ihn weggelegt. Ob ich ihn später beantworte – ich weiß es nicht!"

Katja Sch. (73), Buchhalterin
„Ein ganzes Jahr lang habe ich mit der Welt und meinem Alter gehadert. Dann kamen die Flüchtlinge. Ich habe mich spontan entschlossen zu helfen. Gemeinsam mit drei Freunden haben wir in einer Garage Kleidung gesammelt und sie einmal im Monat in die diversen Flüchtlingsunterkünfte gebracht. Inzwischen ist Spielzeug für die Kinder dazugekommen. Ich habe keine Zeit mehr, über meine Befindlichkeit nachzudenken. Warum engagieren sich andere Frauen nicht auch? Das vertreibt die Ängste!"

Marianne M. (76), Wirtin einer Gaststätte in Oberaudorf, hat auf meine Bitte nicht geantwortet.

Elegant bis *exzentrisch*

Mode kennt kein Alter

„Ein Raum braucht Fülle – Kleider nicht."

Coco Chanel (1883–1971),
französische Modeschöpferin

Mit der Wahl unserer Kleidung senden wir Signale und Botschaften an unsere Umwelt. Sie kann Statement sein, Camouflage oder geheime Wünsche offenbaren. Kleidung kann die Sprengkraft eines TNT-Paketes besitzen. Aber natürlich nur, wenn die Trägerin sich damit richtig in Szene zu setzen vermag. Es gehören Mut, absolute Stilsicherheit und manchmal auch eine gehörige Portion Humor dazu, der Welt per Outfit mitzuteilen, was einem am Herzen liegt.

Wollen Sie das wirklich?

Es gibt eine Uniform für Frauen über 70. Die Farben bewegen sich zwischen Beige, Grau und Braun. Die Hosen sind bequem und recht formlos, Jacken und Blusen haben jede Menge Bewegungsfreiheit. Die Röcke bedecken die Knie. An den in blickdichten Strumpfhosen verborgenen Beinen flaches „vernünftiges" Schuhwerk. Wir begegnen diesen Frauen beim Einkaufen, in der Apotheke, in der Straßenbahn. Sie wollen nicht auffallen. Es ist ein ganzes Heer von Frauen, das sich anscheinend schon langsam von dieser Welt und deren Freuden verabschiedet hat.

„Wir sind doch ab 60 unsichtbar", sagte eine Freundin resigniert zu mir. Sie war gerade 73 geworden und passte sich ergeben der Masse der „Unsichtbaren" an. Früher war sie das, was man einen „wilden Feger" nannte. Warum sie das sagt? Wie mir scheint, hat sie sich ganz diesem vermeintlichen Schicksal ergeben. Glücklich wirkt sie dabei nicht.

Was spricht dagegen, auch im Alter noch Aufmerksamkeit von beiden Geschlechtern zu bekommen? Die anerkennenden Blicke von Frauen und auch Männern zu registrieren? Sei es für ein außergewöhnliches Tuch oder einen leicht verrückten Hut! Sei es, weil Ihre Haltung, Ihr Stil so besonders sind. Frauen, die sich von ihrer Weiblichkeit verabschiedet haben, die ihre Resignation nach außen zur Schau tragen, stimmen mich mehr als traurig. Sie hocken vor dem Fernseher, ganz gleich, welche Schnulze läuft. Sie treffen sich nur mit Gleichaltrigen und schauen regelmäßig auf dem Friedhof vorbei. Nur unwillig lassen sie sich auf ihr „Grau-in-grau-Leben" ansprechen. Wenn doch, dann erzählen sie ausschließlich von Krankheiten oder aus der Vergangenheit. Und das mit dem Spruch: „Es ist halt so – wozu taugen wir denn noch?" Ob diese negative Haltung ihnen einen frohen Lebensabend beschert?

Alles andere als graue Mäuse – Ladys in New York

Eher nicht, würde ich sagen! Vielleicht sollten sie lieber den Rest ihrer Lebenslust zusammenkratzen und sich sagen: „Gut – schau'n wir mal, was es an Interessantem noch zu erleben gibt!" Interessant und spannend kann es nur dann werden, wenn die Signale, die Sie nach außen senden, auf Ihre Mitmenschen nicht negativ wirken. Wer sich als graue Maus in beiger Funktionskleidung seiner Umwelt präsentiert, wird wenig Aufmerksamkeit bekommen. Kleidung ist immer, in jedem Alter, ein Statement über das eigene Bewusstsein und das Lebensgefühl. Schaut her, das bin ich und so fühle ich mich! Wem macht es schon Spaß, graue Mäuse aufzuheitern?

Sind Sie mit Ihrem Äußeren zufrieden?

Winken Sie nicht ab! Stellen Sie sich vor den Spiegel. Ganz gleich ob Sie gerade im Haus arbeiten oder sich zum Ausgehen bereitgemacht haben. Und: Es bringt nur etwas, wenn Sie spontan und ehrlich antworten. Wenn Sie mit einem Ja antworten – schenken Sie sich die weiteren Fragen. Bei einem Nein heißt die Gegenfrage: Woran liegt es?

Gefällt Ihnen Ihr Outfit nicht? Finden Sie sich zu bieder, zu wenig modisch? Haben Sie vielleicht seit einiger Zeit irgendetwas angezogen? Etwas, was gerade dalag, oder war es, weil Sie keinerlei Wert auf Ihr Äußeres mehr legen? Beides ist falsch!

Jetzt schauen Sie mal in Ihren Kleiderschrank. Was gefällt Ihnen darin wirklich? Was haben Sie nie oder seit längerer Zeit nicht getragen? Warum eigentlich nicht? Sind es die Kilos zu viel, die sich da eingeschlichen haben? Oder war es einfach eine falsche Wahl?

Gegen die Kilos, das wissen Sie genau, kann man etwas tun. Man kann sie verhängen, also weite Kleider und Jacken tragen – oder abnehmen. Falls Sie es leid sind, auf Sparflamme zu essen, passen Sie Ihre Kleidung der neuen Größe an. Aber Vorsicht: Die weiten Kittel lassen Sie nicht unbedingt schlanker aussehen. Übrigens, die wunderbare Venus von Milo hatte keinen Body-Mass-Index von 23.

Wie für nahezu jedes Alter empfiehlt sich eine Basis-Garderobe. Das sind einige unverzichtbare Kleidungsstücke, die sich mit viel Fantasie, ausgewählten Tüchern, Schals und Blusen immer wieder neu präsentieren lassen. Diese Stücke müssen aus gutem Stoff und in der richtigen Größe sein.

Der Grundstock Ihrer Garderobe ist also:

- Eine gut geschnittene, schwarze Stoffhose. Sind Sie sehr groß, kann diese weite Hosenbeine haben. Ansonsten sind gerade Beine richtig. Wer schwarz gar nicht mag, macht mit einer steingrauen Hose auch nichts falsch. Grau hat den Vorteil, dass man es auch im Sommer mit weißen T-Shirts oder Blusen tragen kann.
- Dazu zwei nicht zu langweilige Blazer, die, außer Sie sind sehr schlank, nicht zu kurz sein sollten. Jeans, wenn Sie mögen – aber keine Röhrenjeans. Bei sehr schlanken Frauen sehen die Beine dann wie Spinnenbeine aus.
- Hemdbluse in Weiß oder Hellblau.
- Und für festliche Gelegenheiten: das berühmte kleine Schwarze.
- Ein, zwei Strickjacken – wenn es der Geldbeutel hergibt – in Cashmere, auch über die Hüfte gehend.
- Dazu diverse T-Shirts aus Baumwolle in Schwarz und Weiß. Einiges werden Sie bereits im Schrank haben.

Bevor Sie die teuren Boutiquen leer kaufen, versuchen Sie es in Secondhand-Läden. Designerware ist dort um mehr als die Hälfte billiger und schont das Bankkonto.

Die richtigen Schuhe stehen oft gar nicht auf unserer Wunschliste. Wir verzehren uns nach Laboutins mit wolkenkratzerhohen Absätzen oder nach den feinen Riemchen-Sandaletten von Gucci. Dabei ist das Tragen dieser Wunderwerke reinstes Martyrium. Wichtig, sowohl was die Gesundheit angeht als auch die Optik, sind Schuhe, die keine Schmerzen beim Gehen verursachen. Bequem muss nicht hässlich sein. Trotzdem: Schuhe sollten aus gutem Material und nicht von einer Billig-Marke sein. Das hat nichts mit Mode zu tun. Schuhe müssen schon beim Kauf bequem sein. Das mit dem Einlaufen ist ein Gerücht! Für den Alltag sind extreme High Heels nicht mehr wirklich die erste Wahl. Der Gefahr zu stolpern, sich Knöchel zu verstauchen oder das Bein zu brechen, sollten Sie sich nicht aussetzen!

Elegant ist Ihre Wahl? – Na dann

Christine Lagarde (61), Direktorin des Internationalen Währungsfonds (IWF), passt genau in dieses Bild. Sie ist immer perfekt frisiert, geschminkt und gekleidet. Natürlich wurde sie noch nie in einem Secondhand-Shop gesehen. Ihr Modemütchen kühlt sie mit auffallenden, extravaganten Tüchern. Sie macht das so gut, dass bei ihren konservativen Outfits niemandem das Wort langweilig einfällt. Und noch etwas beherrscht sie: Ihre Röcke sind eng und zeigen ihre langen, sehr schönen Beine mit den High Heels (diese in nicht allzu übertriebener Höhe). Sollten Sie nicht über das Einkommen von Frau Lagarde verfügen und keinen Goldesel besitzen, dann eben der Secondhand-Laden. Dort ist Vintage angesagt, aber natürlich nur von Modestars wie Giorgio Armani oder Jill Sander. Die Kostüme und Kleider werden dann durch ein kleines, für Sie schon kühnes Accessoire aktualisiert. Bei zu viel Perfektion schleicht sich allerdings schnell gepflegte Langeweile ein.

Etwas lockerer gibt sich die englische Schauspielerin *Helen Mirren*. Die 71-jährige Oscar-Preisträgerin hat noch nicht

Helen Mirren

vergessen, dass sie eine Frau mit Sexappeal ist. Im Gegensatz zu der Kostümfrau Lagarde, die sich ein wenig dem Stil ihrer männlichen Kollegen anpasst. Mirren trägt Kleider, die ihr noch immer sehenswertes Dekolleté betonen. Sowohl Lagarde als auch Mirren färben ihre Haare nicht in vermeintlich verjüngendem Schwarz oder Rot, sondern in Weiß. Da beide eine fabelhafte Figur haben, gibt das einen interessanten Kontrast: Er verjüngt sogar.

Carmen Dell'Orefice ist mit 85 Jahren eines der ältesten Models der Welt. Sie hat ebenfalls schneeweißes Haar, ist schlank und groß. Carmen läuft für die großen New Yorker Labels und macht Werbung. Sie ist das, was man sich unter einer Grand Old Lady vorstellt. Fabelhaft gekleidet, sorgfältig geschminkt und mit kerzengerader Haltung. Mrs. Dell'Orefice macht täglich Yoga. Ihr Kleidungsstil ist elegant. Sie liebt die Farben Schwarz und Rot. Ein wunderbarer Kontrast zu ihrem weißen Haar. Carmen behauptet, noch nie eine Diät gemacht zu haben. Für ihre Figur seien die Gene zuständig. Befragt, wie sie sich in ihrem Alter so gut hält, meint sie: „Ich schwöre auf Yoga. Kein Alkohol. Nie nachlässig mit sich umgehen. Und: einen eigenen Style entwickeln." Carmens Tipp fürs Altern: „Keep cool. Verfalle nie in Panik, wenn du erneut eine Falte entdeckst!"

Hier kommen die Rebellinnen

Vivienne Westwoods modisches Verständnis wäre mit dem Satz „Alles geht" am besten beschrieben. Die 75-jährige Engländerin *Vivienne Westwood*, ehemals als Punk-Ikone beschrieben, hat Kunst studiert und lehrte zwölf Jahre lang als Professorin für Modedesign an der Berliner Akademie der Künste. Ihre Mode ist exzentrisch, aus Kombinationen von historischer Bekleidung, seltenen Geweben und Mustern zusammengesetzt. Das Modeblatt „Women's Wear Daily" erkor sie neben Yves Saint Laurent, Emanuel Ungaro, Karl Lagerfeld und Christian Lacroix zu einer der wichtigsten Modemacherinnen unserer Zeit. Westwoods Mode ist frech, wild und wunderbar – so beschrieb sie Karl Lagerfeld.

Für die Designerin hat gelungene Mode die Individualität einer Person zu unterstreichen. Wenn sie mit ihrer orange gefärbten Mähne mit den Models über den Laufsteg geht, muss man ihren Modemut bewundern. Oft hat man den Eindruck, der Kostümprobe einer neu zu inszenierenden Oper beizuwohnen. Alles ist anders als bei einem klassischen Defilee. Verrückter, fröhlicher und phantastischer. Allerdings: Die wenigsten ihrer Modelle möchte man in der heimischen Umgebung tragen. Mode ist hier auf die Spitze getrieben. Die Farben wild kombiniert. Was man aber mitnimmt ist die Idee, wie man sich auch kleiden kann. Immer gibt es ein paar Teile, die mit dem Vorhandenen im Kleiderschrank völlig neu aussehen. Eine Jacke mit einem Rokokoschößchen – leider zu einem exorbitanten Preis – gäben einer simplen Jeans einen völlig anderen, aufregenden Akzent.

Was wir daraus lernen können? Nicht auf die hochgezogenen Brauen der Nachbarin achten! Sich vor den Spiegel stellen und ganz nüchtern die eigene Figur betrachten. Schmale Taillen betonen. Ein schönes Dekolleté herzeigen. Selbst wenn Sie ein paar Kilos zu viel haben, sollten Sie modisch wagemutig sein.

Die verrücktesten alten Ladys allerdings findet man in New York. Die berühmteste von ihnen ist *Iris Apfel*. Eine große, sehr schlanke Frau, die nicht übertünchen will, dass sie bereits 96 Jahre auf ihrem schmalen Rücken hat. Sie trägt gelbe Hosen zu einer blauen Jacke und bunt bemalten Stiefeln, dazu Stränge riesiger Perlenketten. Mal einen Couture-Mantel aus roten und grünen Hahnenfedern zu roten Samthosen. Oder eine schlichte bodenlange Robe in Braun, über der an zwölf kunstvollen Ketten hängend ein silberner Kopf im Halbrelief prangt. Unter all den langweilig hergerichteten Society-New-Yorkern ist Apfel eine wandelnde Diva im Extremlook,

Iris Apfel

deren Style sogar in einer sensationellen Ausstellung im MoMa (Museum of Modern Art) in New York gezeigt wurde. Alle drängten sich bei der Eröffnung 2005 um die Rara Avis (Lateinisch für Seltener Vogel, wie La Apfel von ihren Bewunderern genannt wird). Giorgio Armani, Carla Fendi und Karl Lagerfeld verehren sie.

Dieser seltene Vogel Iris, die sich selbstironisch als „geriatrisches Starlet" bezeichnet, sagte in einem Interview mit der „New York Times": „Die Leute brauchen scheinbar immer jemanden, der ihnen etwas vormacht. Es gibt einen Hunger nach Individualität, man will ‚anders' sein, weiß aber nicht, wie. Letztendlich unterwerfen sich die meisten dem Modediktat, von dem sie sich so gern abheben möchten. Im Winter sahen auf der Fifth Avenue von hinten alle gleich aus: schwarze Hosen, hohe Stiefel, Lederjacken – wie eine Uniform. Manche brauchen das. Viele haben Angst davor, Dinge zu tun, die nicht sofort Bestätigung finden. Stil kann nur haben, wer sich selbst gut kennt. Und sich selbst kennenzulernen braucht Zeit. Der größte Fehler, den eine Frau machen kann, ist, in den Spiegel zu schauen und sich nicht wiederzuerkennen. Einmaligkeit ist harte Arbeit. Wir leben in einer Welt der schnellen Befriedigung, alles soll zack, zack! gehen. Nur wer es schafft, seine eigene Persönlichkeit durch Mode zu unterstreichen, wirkt authentisch. Manche erreichen das mit Minimalismus, andere mit Pomp und Glitzer. Ich liebe auffallenden Schmuck. Die Leute machen sich viel zu viele Gedanken darüber, was andere denken."

Inzwischen hat Iris Apfel als Kult-Ikone nicht nur eine jüngere Fan-Gemeinde, sondern begeistert auch eine Schar alter Ladys, die sie sich als Vorbild genommen haben. Der berühmte Fotograf Ari Seth Cohen, der am liebsten „New Yorker Street Style" und „alte Ladys" fotografiert, meint: „Die verrücktesten Hühner haben sich an den Klamotten von Iris Apfel orientiert. Ich liebe diese Frauen, denen es völlig gleichgültig ist, ob man ihnen mal einen Vogel zeigt oder bewundernd stehen bleibt!"

Ich selbst schwöre auf japanische Designer. Mein Favorit ist Issey Miyake oder Kenzo. Issey Miyakes Kreationen wurden schon im New Yorker Museum of Modern Art (MoMa) ausgestellt. Die Farben sind leuchtend und die Modelle zeitlos. Wem die verrückte Mode von Vivienne Westwood zu auffällig ist und wer sich nicht verstecken mag, wer noch ein Menge Spaß im Leben haben möchte, der liegt mit einem Miyake-Teil nie falsch.

Es gibt unglaublich viele schlecht gekleidete junge Mädchen und Frauen. Was auch daran liegen mag, dass viele ihren Stil noch finden müssen (bei manchen klappt es nie). Meine Generation sollte sich tunlichst nicht mehr bauchfrei, kniefrei oder armfrei präsentieren. Es gilt zu bedecken, was nicht mehr präsentabel ist. Doch über das Wie entscheiden Ego, Geschmack und last but not least der Geldbeutel. Jeans gehen immer, in jedem Alter. Vieles geht, man muss sich nur trauen.

Übrigens: Auch Männer in den Siebzigern sollten sich wunderbar anziehen und nicht wie die letzten Schlurfe daherkommen. Das Leben ist immer noch schön – und genau so sollten wir uns kleiden!

Liebe
ohne
Verfallsdatum

Liebe kennt kein Alter –
sie wird ständig neu geboren!

Blaise Pascal (1623–1662),
französischer Mathematiker und Philosoph

Die Anzeige in der Londoner Zeitung „The Times" war verhältnismäßig schlicht: „Der 84-jährige Vater von Prudence, Elisabeth, Lachlan, James, Grace und Cloe verlobte sich mit der 59-jährigen Mutter von Elizabeth, James, Georgia, Gabriel."

Hinter dieser künftigen Patchwork-Familie verbargen sich der Zeitungstycoon Rupert Murdoch und die Exgattin von Michael Jagger, Jerry Hall. Wann und wo die beiden der Blitzschlag der Liebe getroffen hatte, erfuhr die Öffentlichkeit leider nicht, auch die Hochzeit kurz nach der Ankündigung verlief ohne jegliches Publikum. Monetäre Gründe können nicht das Motiv für diese Paarung gewesen sein. Sowohl Jerry Hall als auch der Milliardär Murdoch nagen nicht am Hungertuch.

Was wir daraus lernen? Liebe ist auch in hohem Alter möglich. Es gibt sie in vielen Formen. Sie kann glücklich, neu, aufregend, kurz, tief, leidenschaftlich, manchmal freilich auch schmerzhaft und unerwidert sein. Voraussetzung allerdings ist, dass man sämtliche damit verbundenen Vorurteile aus dem Kopf verbannt – fremde wie eigene.

„Die romantische Liebe", so eine Freundin, „ist nur etwas für Paare, die noch Kinder haben wollen." Oder, wie mir ein Philosoph aus dem Freundeskreis kundtat: „Liebe ist eine ziemlich alberne, pubertäre Form der Selbsttäuschung!" Und die Meinung einer 35-Jährigen über die Liebe zwischen Partnern deutlich unterschiedlichen Alters: „Wie kann man für einen Mann entbrennen, der schon mit einem Bein im Grab steht."

Oder die gängige Reaktion beim Anblick von älteren Liebenden: „Das ist ja schon peinlich, wie die in der Öffentlichkeit turteln."

Dürfen alte Menschen nur noch in Würde erstarren? Gefühle bestenfalls innerhalb der Familie zeigen? Müssen sie sich schamhaft zurückziehen, weil der Körper nicht mehr straff und wohlgeformt ist?

Solche Statements und Urteile – die man häufig genug als junge Frau selbst geäußert hat – führen bei Älteren dann zu entsprechenden Komplexen und hindern sie daran, sich auf das Abenteuer einer neuen Liebe einzulassen. Doch es tut sich was in der Gesellschaft. Die Meinung: „Du hast dein Lebenssoll an Glück gehabt, jetzt bereite dich mal auf den Verzicht vor", wird immer öfter von mutigen Oldies ad acta gelegt. Soziologen, Statistiken und Paarforscher bestätigen, dass sich gerade eine deutliche Änderung vollzieht.

In einer Befragung im Partnership-Portal Parship waren sich 87 Prozent sicher, dass man sich auch im Rentenalter noch so verlieben kann wie als Teenager. Jeder Zehnte ist sogar davon überzeugt, dass man sich selbst und auch die Wünsche an den potenziellen Partner oder die potenzielle Partnerin erst im Alter richtig kennt.

Zwei Fragen sind dabei besonders interessant:

Angenommen, Sie würden ohne Partner/Partnerin in den Ruhestand starten: Glauben Sie, dass man auch im Alter die große Liebe noch finden kann? 42 Prozent der Frauen antworteten: Ja, auf jeden Fall – für die große Liebe ist es nie zu spät. 22 Prozent der Männer: Klar. Ich glaube, dass man sich und seine Wünsche dann sogar besser kennt.

Auf die Frage: Wie stellen Sie sich das Leben mit einer neuen Liebe vor?, antworteten 41 Prozent der Frauen: Wir erfüllen uns unsere nicht gelebten Träume. Und 26 Prozent der Männer sagten: Ich freue mich auf die Schmetterlinge im Bauch und möchte mir zusammen mit ihr meine Träume erfüllen.

„Die reife Liebe fragt nicht zuerst nach Gegenliebe", sagt der Paarpsychologe Peter Lauster. „Sie ist auf das eigene Sein gegründet."

Die Oldies entdecken die Liebe

Vor allem für die Frauen bedeutet das, dass sie auch jenseits der Wechseljahre noch eine andere Rolle annehmen können. Sie müssen sich nicht auf die Oma reduzieren lassen. Sie sind nicht mehr dazu verdammt, den Rest ihres Lebens auf eine neue, vielleicht ihre letzte Liebe, zu verzichten.

Zugegeben: Die Liebe ist im Alter schwerer zu finden. Sie wird manchmal langsamer wachsen. Wenn sie aber da ist, so erzählen alle Paare, wird sie gehegt und gepflegt wie in keiner anderen Lebensphase zuvor.

Lydia A. hatte eigentlich mit der Liebe zu einem Mann längst abgeschlossen. „Ich war in meinem ganzen Leben immer nur unglücklich verliebt", erzählt die 72-Jährige. „Eine glückliche Liebe war etwas, das nur im Fernsehen oder in Romanen vorkam. Für eine Frau wie mich unerreichbar!"

Zu Hause in Oberbayern waren sie drei Mädchen und zwei Buben. Die Buben durften studieren. Die Mädchen wurden in Hauswirtschaftsschulen geschickt. Lydia, die musikalisch sehr begabt war, fügte sich. Als sie 17 Jahre alt war, traf sie einen zehn Jahre älteren Jazztrompeter und verliebte sich unsterblich. Die Liebe endete, ehe sie richtig begann. Lydias Eltern untersagten jeglichen Kontakt. Der Musiker fürchtete Schwierigkeiten und verschwand, ohne sich zu verabschieden.

Mit 20 Jahren wurde Lydia ungewollt schwanger. Eine Abtreibung kam in der streng katholischen Familie nicht in Frage. Lydia wurde verheiratet. Ihr Ehemann, mit einer größeren

„Hochzeitsgabe" von der wachsenden Leibesfülle der Braut abgelenkt, war ein aggressiver Alkoholiker. Lydia verlor das Kind im fünften Monat. Jetzt hätte sie sich trennen und ihr Leben selbst in die Hand nehmen können. „Aber ich wusste gar nicht, wie ich das allein in den Griff bekommen sollte!" Ihr Ehemann, der aus einer reichen Bauernfamilie stammte, soff sich schließlich zu Tode. Lydia hatte ihm in den 20 Jahren ihrer Ehe vier Kinder geboren.

Einmal, als sie nach einer Bandscheibenoperation in einer Reha war, hatte sie einen Mann getroffen und sich in ihn verliebt. Er war verheiratet und suchte nur während der Reha nach einer Abwechslung. Rainer, so erinnert sie sich, gab ihr nicht mal seine Adresse.

Vor ein paar Jahren erbte Lydia von einer Großtante deren kleine Brauerei. Sie verkaufte alles, gab ihren Kindern einen Teil ab und kaufte sich in eine Alten-Residenz ein. Sie wollte endlich sorglos und ohne die argwöhnischen Blicke der Dorfgemeinschaft leben!

Dann begegnete ihr dieser alte Herr. Ein ehemaliger Musiker aus dem berühmten Kurt-Edelhagen-Orchester. Georg machte ihr den Hof. „Aber was will er von mir?", fragte sie sich. „Wahrscheinlich denkt er, dass bei mir finanziell etwas zu holen ist!"

Dass diese Story endlich ein Happy End hatte, verdankt sie einer Pflegerin, die für beide Karten zu einem Konzertabend in München besorgte. Aber Angst hat Lydia immer noch, dass sich diese wunderbare Liebesgeschichte doch noch als ein sehr kurzer Traum herausstellen könnte.

Zwanzig Jahre Freundschaft – bis zur Liebe

Tamara S. (73), eine hoch gewachsene Rothaarige, war nie ein Kind von Traurigkeit gewesen. „Die 68er in Berlin vögelten herum, als gäbe es kein Morgen. Ich war als Volontärin einer Zeitung mitten drin. Feste Bindungen: Blödsinn! Liebe: Du lieber Himmel, wer glaubte denn damals noch daran? Rainer Langhans, Uschi Obermaier, die Kommune 1 – das waren unsere Vorbilder. Wir wollten leben – anders als unsere Eltern. Anders als unsere Großeltern. Wir wollten frei sein! Aber niemand fragte damals: frei wofür und für wen?"

Tamara machte Karriere. Sie wurde Redakteurin einer Frauenzeitschrift und bekam in den 80er-Jahren eine TV-Sendung. Die Männer mochten ihre schnoddrige Art. Sie hatte viele „One-Night-Stands". „Mehr will ich nicht", sagte sie immer auf Fragen ihrer Freunde. „Ich kann ein Gesicht nicht täglich sehen!"

Das musste sie auch nicht. Denn über die Jahre sprangen viele der Gesichter ab. „Die sind alle spießig geworden", sagte Tamara. Männer kamen und gingen – Tamara hat nie geheiratet. Mit Kindern hatte sie ebenfalls nichts im Sinn. Ihre Katze Mimosa dagegen liebte sie hingebungsvoll. Tamara war immer noch eine attraktive Frau. Auch ihre Karriere war ihr ohne furchtbare Abstürze gelungen. Als sie noch zwei Jahre hatte bis zu ihrem 70., fühlte sie sich von dieser Zahl bedroht. Manchmal, wenn es nicht so gut lief, fragte sie sich, was ihr in ihrem Leben fehlte. Sie hat sich lange um eine ehrliche Antwort gedrückt. Freunde ausgefragt, was diese auf eine derartige Frage antworten würden.

Tamara, die Realistin, fand schließlich eine ehrliche Antwort: Es war das Zauberwort, das sie stets verabscheut hatte: die LIEBE. Und wenn sie noch ehrlicher war, gestand sie sich ein, dass es Angst war, die sie daran gehindert hatte, auf diese Frage wahrheitsgetreu zu antworten. Die Antwort aber bohrte in ihr. Konnte sie nicht lieben? War sie nicht würdig, geliebt zu werden? War sie inzwischen zu alt geworden?

Tamara besprach sich mit Bernd, einem langjährigen Freund. Sie redeten nächtelang. Dann geschah das, was eine Studie der Harvard University herausgefunden hatte: Viele ältere Frauen entdecken die Qualitäten von Männern, mit denen sie schon seit Jahren bekannt sind. Ihre Ängste schwinden und sie können sich quasi angstfrei verlieben! Tamara verliebte sich in ihren langjährigen Freund Bernd. Ihre Beziehung funktioniert nun schon seit fünf Jahren. Tamara ist zum ersten Mal überzeugt, einen sicheren Hafen gefunden zu haben.

Gutes tun und Gleichgesinnte kennenlernen!

Inga P. (72) hat sich schon immer gern für andere Menschen engagiert. Die ehemalige Krankenpflegerin reiste seit über 25 Jahren in ihren Ferien in den Tschad (Afrika). Sie kümmerte sich dort in Flüchtlingslagern um kranke Kinder. In den letzten Jahren machte ihre Gesundheit Schwierigkeiten. Sie vertrug das feuchte Klima nicht mehr.

Inga, deren Kinder schon lange eigene Familien hatten und deren Ehe seit 30 Jahren geschieden war, brauchte diese Beschäftigung. „Ohne mein Engagement", so meinte sie ganz unsentimental, „fühlte ich mich unnütz und einsam!" Ihre Freundinnen und ehemaligen Kolleginnen gingen alle in ihren Familien auf. „Ich kam mir stets wie das berühmte fünfte Rad am Wagen vor."

„Warum suchst du dir nicht einen netten Mann!", schlug ihre Tochter vor. „Dafür bin ich zu alt!", antwortete Inga. Und was für ein Mann würde das wohl schon sein? Wahrscheinlich einer, der für seine letzten Jahre dringend eine Krankenschwester gebrauchen konnte.

Als die große Flüchtlingswelle über Deutschland hereinbrach, hielt es Inga nicht mehr zu Hause aus. Sie fragte, wo Hilfe gebraucht wurde. In den Krankenstationen der Flüchtlingsunterkünfte wurde sie mit offenen Armen empfangen. Ärzte, Pfleger und Krankenschwestern wurden händeringend gesucht. Inga war in ihrem Element. Keine Arbeit war ihr zu viel. Als sie nach einer besonders anstrengenden Woche zusammenbrach, kümmerte sich der Arzt Gerd M., selbst schon im Ruhestand, rührend um sie.

Inga mochte diesen ruhigen, besonnenen Mann. Er wirkte wie der berühmte Fels in der Brandung. Immer öfter sprachen sie über die Arbeit und ihr Engagement für diese Menschen. Sie stellten fest, wie ähnlich ihre Wünsche und Bedürfnisse waren.

Inga erzählte von Afrika, Gerd von Indien, wo er jeden Sommer hingefahren war, um in den dortigen Krankenhäusern zu arbeiten. Sie machten Pläne, was sie gemeinsam für die Flüchtlinge tun könnten. Bald waren sie unzertrennlich. Auszusprechen, was für alle anderen unübersehbar war, dass sich da zwei Menschen gefunden hatten, war für beide unmöglich. Erst als Inga einen Unfall hatte, kam der Satz Gerd über die Lippen: „Ich möchte nicht mehr ohne dich sein!" Inga hatte Tränen in den Augen.

Die Moral von der Geschichte? Gleichgesinnte, egal ob es sich um Wohltätigkeit, ein Hobby oder einen Tanzkurs handelt, finden schneller zueinander. Sie müssen nur die Initiative ergreifen, sich nach „draußen" wagen. Sie müssen nur den Mut finden, über ihre Gefühle zu sprechen!

Klassentreffen

Zehn Frauen, zehn Leben

Die Zeit verwandelt uns nicht, sie entfaltet uns nur.

Max Frisch (1921–1991),
schweizerischer Schriftsteller und Architekt

Wir waren einmal 20 Schülerinnen in einem privaten Mädchengymnasium in Nürnberg. Nach 50 Jahren sahen wir uns wieder. Carina hatte ein Klassentreffen organisiert. Zehn etwa 70-jährige Ladys hatten zugesagt. Der Rest hatte entweder keine Lust, war nicht zu erreichen gewesen oder schon verstorben.

Carina, die einen ambitionierten Buchladen in der Altstadt führte, war eine meiner besten Freundinnen. Wir hatten uns nach der Schulzeit in München wiedergetroffen, waren in Schwabing in eine Dachwohnung gezogen und gemeinsam zur Uni gegangen. Zumindest hatten wir uns eingeschrieben für Germanistik, Philosophie und Literaturwissenschaften. Eifrige Studentinnen waren wir nicht. München und seine Partyangebote waren zu verlockend für zwei junge, erlebnishungrige Mädchen.

Ich entdeckte schon bald, dass die Uni mich langweilte, und beschloss, Journalistin zu werden. Carina allerdings wollte durchhalten. Den Rest unserer Klasse verlor ich aus den Augen. Ich hatte anderes im Kopf. Doch Carina wurde krank und blieb an den Rollstuhl gefesselt. Sie zog nach Nürnberg zurück. Wir hielten immer in Kontakt, über all die Jahre. Sie wusste von meinen verschiedenen Ehen und kannte all meine beruflichen Niederlagen und Höhepunkte.

Ihr Buchladen wurde zur Institution, ein Treffpunkt für Menschen, die an anspruchsvollerer Literatur interessiert waren. Sie hatte ihren Jugendfreund geheiratet, der seine Pläne, in Japan als Architekt zu arbeiten, ihrer Erkrankung wegen aufgab. Und nun nach all den Jahren ihre Idee, ein Klassentreffen abzuhalten. Es sollte in ihrem Buchladen stattfinden.

Nürnberg war nie meine Stadt gewesen. Mein Vater war nach einer Odyssee durch Europa dort hängengeblieben. Die Stadt empfand ich als spießigste Provinz, am schlimmsten fand ich den fränkischen Dialekt. Im Grunde hatte ich wenig Lust auf diese Veranstaltung. Dann aber siegte doch die Neugier. Ich wollte wissen, was meine ehemaligen Mitschülerinnen aus ihrem Leben gemacht hatten. Ob sie ihre Träume verwirklicht, sie beiseitegelegt hatten oder ob sie gescheitert waren. Ob sie jetzt, wo es in die Endschleife ging, ihr Leben als glücklich beschreiben würden. Ob sie geheiratet hatten, ihre Männer noch an ihrer Seite waren oder ob sie längst geschieden waren. Und natürlich: Wie empfanden sie ihr Leben jetzt? Kamen sie mit dem Alter zurecht? Fühlten sie sich einsam und haderten sie mit dem Schicksal? Würden sie im Rückblick alles anders machen?

Mein Haus, mein Auto …

Die erste Person, die den Laden betrat, erkannten wir beide nicht. Sie war klein, etwas stämmig und trug einen braunen Pagenkopf. Sie muss unsere Unsicherheit bemerkt haben, lachte und sagte: „Ich bin die Biggi Leuthauser! Ihr solltet mal eure dummen Gesichter sehen!"

Biggis Eltern hatten eine Konditorei geführt. Um sich bei uns einzuschmeicheln, hatte Biggi oft Tortenstückchen oder kleine Kuchen mit in die Schule gebracht. Dass wir sie gern nahmen, hinderte uns nicht, sie wegen ihrer drallen Figur zu hänseln. Wir waren grausame, arrogante Teenies. Wer uns nicht passte, wurde gnadenlos niedergemacht. Es kam darauf an, auf der richtigen Seite zu stehen. Die richtige Seite war die, auf der wir waren.

Biggi, so hatte ich geglaubt, würde die Konditorei übernehmen und ein Leben mit viel zu vielen Kalorien führen. Ich stellte mir eine Schar Kinder vor, die genauso mopsig wären wie die Mutter und ihr Ehemann. – Na ja, langweilig und uninteressant!

Doch Biggi hatte sich verändert. Sie war locker, selbstsicher und hatte auch ein paar böse Sprüche für uns übrig. Sie erzählte wenig von sich und weil sowohl Carina als auch ich in unseren Vorurteilen gefangen waren, fragten wir nicht nach. Was sollte Biggi schon Großartiges erreicht haben?

Um es kurz zu machen: Biggi war Erste Geigerin in einem renommierten Orchester. Die Konditorei hatte sie verpachtet. Sie reiste mit dem Orchester um die Welt. Für eine langweilige Ehe habe sie nie Zeit gehabt, wie sie sagte. „Ich bin seit vielen Jahren mit dem Bratschisten befreundet. Das funktioniert sehr gut!"

Ob es denn keine Altersbegrenzung in den Orchestern gab, wollte ich wissen. „Schon – aber ich bin einfach zu gut, als dass sie mich entsorgen könnten!" Mehr an Selbstbewusstsein bei einer Person, an die wir uns als graues Mäuschen erinnerten, war kaum möglich.

Suse, Helga und Mona erschienen wie schon zu Schulzeiten gemeinsam. Alle drei waren in Nürnberg geblieben. So viel wusste ich bereits von Carina. Suse, einer großen, schlanken Blondine, hatten die Jahrzehnte wenig angetan. Ihr Gesicht war nahezu faltenfrei. Zu unserer Schulzeit war Suse immer diejenige gewesen, die versucht hatte, Streit zu schlichten. Was ihr auch meistens gelungen war.

Helga, dünn, klein und nervös, konnte ich nie leiden. Sie mich ebenfalls nicht. Ihr Fränkisch, mit dem sie mich begrüßte, fand ich immer noch nervig: „Allmächtla!", kreischte sie. „Hast du dich dazu herabgelassen, in die Provinz zu fahren!" Helga war vor ihrer Pensionierung Beamtin gewesen. Sie hatte einen Kollegen geheiratet und zwei Kinder zur Welt gebracht. Ihr Mann war vor fünf Jahren bei einem Unfall gestorben.

Mona, die Dritte im Bunde, hatte in Erlangen Jura studiert, abgebrochen, früh geheiratet und drei Kinder in die Welt gesetzt. Sie hatte, so erinnerte ich mich, immer einen flotten Spruch parat. Jetzt sagte sie: „Da kann uns die Karin ja etwas aus der großen weiten Welt erzählen!"

Valentina war aus Paris angereist. Sie hatte an der Sorbonne Philosophie studiert, promoviert und einen Job in einem der großen französischen Literaturverlage bekommen. Heute versuchte sie, den kleinen literarischen Verlag ihres verstorbenen Ehemannes über Wasser zu halten. Außerdem engagierte sie sich für Amnesty International. Tina sah umwerfend aus. Die Haare grau und sehr kurz geschnitten. Sie trug Stöckelschuhe, die sie auch als Waffe gebrauchen könnte. Ihr Gesicht war von feinen Linien durchzogen, was ihr den Touch einer interessanten, erfahrenen Frau gab.

Senta, die Streberin in unserer Klasse, hatte Englisch und Sport studiert und an unserem alten Gymnasium unterrichtet. Seit fünf Jahren war sie im Ruhestand. Senta sah aus wie vor 50 Jahren – nur älter. Blass, etwas strähnige Haare und tiefe Falten im Gesicht. Sie wirkte verspannt und sehr unzufrieden. Senta hatte nie geheiratet.

Clarissa reiste aus Stuttgart an. Schon als Schülerin war sie überaus faul gewesen. Das Abitur schien ihre letzte geistige Leistung gewesen zu sein. Danach verkündete sie: „Jetzt such ich mir einen reichen Kerl. Arbeit schändet nur!" Ich hatte sie vor Jahren zufällig in einem In-Restaurant in München getroffen. Der Mann an ihrer Seite, den sie mir vorstellte, schwäbelte fröhlich: „Meine Frau hat mir viel von Ihnen erzählt. Sollen ja mächtig Karriere gemacht haben! Verdient man denn als Journalistin einigermaßen?" – „Reicht schon", antwortete ich und wandte mich zu Clarissa, um mich zu verabschieden. Clarissa flüsterte mir noch zu: „Er ist Millionär. Ein Fabrikant!" – „Glückwunsch!", sagte ich. Clarissa hatte sich reichlich bei Botox & Co. bedient. Ihr ohnehin rundes Gesicht war aufgeblasen wie ein Ballon. Die Haare mit Extensions auf Volumen gebracht. Sie trug ein Nerzjäckchen von, wie ich fand, sehr provinziellem Zuschnitt. Mich umarmte sie stürmisch und bei Carinas Anblick im Rollstuhl verfiel sie in ein Trauerlamento.

Es erschienen noch Heidi und Manuela, die ebenfalls in München lebten. Heidi hatte bis vor zwei Jahren ihre eigene Apotheke in Haidhausen. Ihr Mann war Wirtschaftsanwalt und ihre Ehe, wie sie mir in einem unserer seltenen Telefonate erzählte, ein Horror. Der Gatte immer auf Weiberfang, die beiden Kinder und die Enkel nur auf ihr Geld aus.

Manuela führte in der Münchner Innenstatt eine Boutique für Asiatika. Möbel, Stoffe, Bilder, alles sehr schick und teuer. Sie war zu unserer Schulzeit ein hässliches Entchen gewesen, das sich in den Jahrzehnten danach zu einem Schwan gemausert hatte. Mit ihren 69 Jahren immer noch eine Schönheit. Manuela war viermal verheiratet, hatte zwei Kinder und diverse Enkel. Sie hatte schon immer zu den Frauen gehört, die zupackten und nicht jammerten, wenn ihnen der Wind mal kräftiger ins Gesicht blies.

Vergebliche Liebesmüh

Die ersten Stunden waren ein wildes Durcheinanderreden. Wir sprachen von damals. Von den Lehrern, von unseren Vor- und Hasslieben. Dann davon, was wir uns von der Freiheit, dem Ende des Schülerinnen-Daseins erhofft hatten. Von den Träumen, von denen wir auf der Abiturfeier noch glaubten, dass sie Realität werden würden. Die dann aber doch an der harten Wirklichkeit wie Seifenblasen zerplatzten.

Valentina, von uns Tina genannt, war nach dem Abi direkt nach Paris übersiedelt. Ein Teil ihrer Familie lebte dort. Sie erzählte von ihrem Literaturstudium. Wie sie nach vier Semestern gemerkt hatte, dass ihr das zu wenig war, wie sie dann auf Psychologie umgeschwenkt war, um schließlich bei der Philosophie zu landen. „Es war ganz schön schwierig. Ich wusste nicht wirklich, was ich wollte. Außerdem war ich in den ersten Jahren dauernd verliebt. Die 60er in Paris waren wundervoll. Hippie sein, sich in nichts hineinzwingen lassen. Das war das Leben, das ich mir vorgestellt hatte. Dann starb mein Vater …" Valentina war 20 Jahre alt und ungewollt schwanger. „Da merkte ich zum ersten Mal, dass das Leben nicht nur eine endlose Reihe von Festen ist", erzählte sie. Valentina verlor das ungeborene Kind auf einer Reise in Südamerika. „Ich bekam Depressionen. Nichts schien mir mehr zu glücken!" Nach einem Aufenthalt in einer Klinik begann sie, ernsthaft zu studieren. Verbissen verfolgte sie ihr Ziel, Karriere zu machen. Ende gut – alles gut? Nicht wirklich!

Sie verliebte sich in einen der Autoren des Verlages. Heftig, mit Haut und Haaren. „Das, was man sich so unter der ganz großen Liebe vorstellt! Er hat mich schon nach einem Jahr verlassen. Das ist mir zu intensiv, begründete er seinen Absprung." Mit Mitte 40 heiratete sie. „Er gefiel mir, war klug, hatte Humor und machte mir heftig den Hof! Kinder wollte er Gott sei Dank keine. Aus seiner ersten Ehe gab es schon ein Zwillingspärchen!" Julien besaß einen kleinen Verlag. Der mehr oder weniger gut lief. Mit Ende 60 starb er an einem Herzinfarkt. „Er hat mir nichts als Schulden hinterlassen. Ich habe dann versucht, den Verlag in die Gewinnzone zu hieven. Ich versuche es immer noch!"

Angst vor der Zukunft? Valentina lachte. „Welcher Zukunft? Nein, im Ernst, ich bin so mit dem alltäglichen Überleben beschäftigt, dass ich keine Zeit zum Grübeln habe!"

Gibt es einen neuen Mann in deinem Leben? „Ja", sagt Valentina. „Wieder ein Autor. Er ist 25 Jahre jünger, Italiener, geschieden und behauptet, ich sei die tollste Frau der Welt. Das tut mir gut, aber mir ist schon bewusst, dass es nicht ewig so sein wird!"

Angst vor der Zukunft? „Manchmal stelle ich mir vor, wie es ist, wenn ich dement oder wirklich krank werde. Aber ich verdränge diese Gedanken. Meistens erfolgreich!"

Helga hatte mit wachsender Missbilligung zugehört. Sie schüttelte den Kopf und an Tina gewandt sagte sie: „Genierst du dich nicht, mit einem so viel jüngeren Mann in der Öffentlichkeit aufzutauchen? Ist dir das denn kein bisschen peinlich?" Tina sah sie amüsiert an. „Was soll mir denn da peinlich sein? Ich genieße seine Bewunderung."

Helga war jetzt ganz aufgeregt. „Wahrscheinlich hältst du ihn auch noch aus. Das ist für so einen Typen natürlich sehr bequem!" Ich sah, wie Tina tief durchatmete. Suse fürchtete wohl einen Riesenkrach und versuchte zu schlichten: „Das können wir doch nicht wirklich beurteilen! Tina lebt ein ganz anderes Leben!"

Helga war nicht mehr zu bremsen. „Jetzt fall du auch noch über mich her! Mir geht es gut. Auch nach dem Tod von Hans-Jürgen habe ich mich anständig benommen. Ich habe lange um ihn getrauert. Vor allem habe ich mich nicht an jüngere Männer rangemacht!"

Tina lachte. „Die Gelegenheit wird sich dir auch kaum geboten haben!"

„Themenwechsel!", forderte Carina.

Suse, die ewige Versöhnerin, gab zu: „Wenn ich jetzt darüber nachdenke, hätte ich besser mein Studium zu Ende gebracht, nicht so früh geheiratet und auch mit dem Kinderkriegen gewartet. Ich wäre weniger auf meinen Mann angewiesen. Haushalt, Kinder und ein Typ, der erwartet, dass das Essen auf dem Tisch steht, wenn er nach Hause kommt. Das habe ich mir so nicht vorgestellt!" – „Warum hast du's dann nicht geändert?", wollte ich wissen. Suse seufzte. „Ehrlich gesagt: Ich war zu bequem. Und jetzt ist es zu spät. Die Kinder sind längst aus dem Haus. Mein Mann hat sich zum totalen Miesepeter entwickelt. Manchmal denke ich, das kann doch nicht alles gewesen sein!"

Suse war bei dem Mann geblieben, für den sie schon seit vielen Jahren keine Gefühle mehr hatte. „Ich habe einfach Angst vor dem Alleinsein", gab sie zu. In einer Art Duldungsstarre erträgt sie Gleichgültigkeit und Kränkungen, statt sich aus dieser Ehe zu befreien.

Carina schüttelte den Kopf. „Vom Klagen wird nichts besser! Du bist nicht krank, hast deinen Kopf noch gut sortiert, also ändere es jetzt!"

„Und wie?" – „Such dir einen Job. Oder geh noch mal zur Uni. Sehr vieles ist noch machbar!"

Clarissa kriegte sich kaum ein vor Lachen. „Wieso soll Suse auf Jobsuche gehen? Das ist doch nicht normal in ihrem Alter! Oder kann er dir nichts zahlen, wenn du dich von ihm trennst?"

Suse und Clarissa waren nie beste Freundinnen, erinnerte ich mich. Ich war gespannt, ob Clarissa jetzt von ihrem Millionär anfangen würde. Doch dazu kam es nicht. Biggi fixiert Clarissa und sagte trocken: „In deinem hohlen Kopf scheint es nur ein Wort zu geben und das ist Geld. Was machst du eigentlich, wenn dich dein Mann gegen eine Jüngere eintauscht? Einen Beruf hast du doch nie gehabt!" Clarissa lächelte süffisant. „Da mach dir mal keine Sorgen. In solch einem Fall muss er blechen, bis er arm ist! Schließlich hab ich einen sehr guten Ehevertrag ausgehandelt."

Senta, die sich bisher kaum an den Gesprächen beteiligt hatte, seufzte laut auf. „Wenn ich euch so zuhöre…" – „Dann ist was?", fragte Carina nach. – „Ich bin in dieser Schule hängen geblieben! Das Leben ist regelrecht an mir vorbeigegangen. Jahrein jahraus das ewig Gleiche: Schule, Ferien, Schule. In den Ferien bin ich immer zu meiner Schwester nach Bad Kissingen gefahren. Einmal war ich bei den Opernfestspielen in Verona. Das ist mir schon wie eine Weltreise vorgekommen."

„Männer? Was ist mit Männern? Wolltest du nie heiraten?", fragte ich. – Senta winkte etwas verlegen ab. „Mich hat doch keiner wirklich haben wollen", sagte sie.

Biggi, die ebenso wenig auf eine Ehe gegeben hatte: „Aber du willst doch nicht sagen, dass du noch Jungfrau bist?" – „Nein – natürlich nicht. "

Biggi stocherte nach: „Warst du denn nie so richtig verknallt?"

Senta schien es jetzt richtig unangenehm zu werden.

„Schon – aber da ist meistens nichts draus geworden. In letzter Zeit hab ich einen Traum: alles stehen und liegen lassen. Eine Weltreise machen und vielleicht nie mehr zurückkommen!" – „Und?", ich war jetzt neugierig. „Wann fährst du?" – „Keine Ahnung! Ich bin noch nicht so weit!"

Tina legte den Arm um Sentas Schulter. „Warte nicht zu lange. Unsere Zeit rast. Wenn wir erstmal richtig alt sind, geht nicht mehr viel! Also trau dich!"

Ungefilterte Wahrheiten

Am Abend, nachdem wir eine ziemliche Anzahl von Flaschen geleert hatten, wurden aus dem teilweise oberflächlichen Geplapper Geständnisse. Biggi gab zu, dass sie durch ihren Job nie Freundschaften außerhalb des Orchesters hatte schließen können. „Wenn ich irgendwann aufhören muss, bin ich völlig allein. Aus meiner Familie lebt keiner mehr. Der Mann, mit dem ich so viele Jahre zusammen war, hat vor einiger Zeit mit mir Schluss gemacht. Er hat das Orchester verlassen. Einen Grund hat er mir nicht genannt. Er ist einfach gegangen. Hat mich wie einen überflüssigen Koffer stehen lassen. Ihr könnt euch nicht vorstellen, wie beschissen ich mich gefühlt habe. Was, verdammt noch mal, soll ich tun, wenn ich nicht mehr spielen kann? Allein in einer Wohnung sitzen und auf den Tod warten?" – „Du könntest in eine WG ziehen. Da hast du Ansprache, wenn es dir fad ist, und wenn du allein sein willst, gehst du in dein Zimmer!", schlug Heidi vor.

„Und wie finde ich so eine WG?" – „Im Netz! Gib eine Anzeige auf…", riet ich ihr. – „Ich weiß nicht", sagte Biggi, gar nicht mehr so selbstbewusst. „Mit Fremden in eine Wohnung ziehen? Was ist, wenn wir uns nicht verstehen? Ihr habt Kinder, die sich um euch kümmern. Ich nicht mal mehr einen Mann!"

Auch Helga schoss inzwischen keine vergifteten Pfeile mehr ab. Etwas kleinlaut gab sie zu, dass auch bei ihr nicht alles so war, wie sie es sich erträumt hatte. Ihr Nachwuchs meldete sich höchstens zu ihrem Geburtstag oder zu Weihnachten bei ihr. „Die haben mich noch nie gefragt, wie es mir geht. Ich könnte in meiner Wohnung verschimmeln. Meine Kinder würden es nicht bemerken!" Die Initiative zu ergreifen, kam ihr nicht in den Sinn. „Wozu hat man denn Kinder, wenn sie die alte Mutter allein lassen? Ich war immer für sie da!", beschwerte sie sich und wirkte wirklich verzweifelt.

Heidi war ebenfalls nicht gut auf ihre Kinder zu sprechen. „Sie zocken mich ab!", sagte sie. „Wahrscheinlich hab ich in ihrer Erziehung eine Menge falsch gemacht. Ich hatte die Apotheke, da konnte ich mich nicht so sehr um sie kümmern und hab sie mit Geschenken und Geld ruhiggestellt. Schon klar, dass sich das rächt. Jetzt erscheinen sie nur, wenn sie Kohle brauchen!"

Einzig Manuela schien mit ihrem bisherigen Leben zufrieden zu sein. „Nichts war einfach. Nicht mit den Männern, nicht mit den Kindern und nicht im Job." Manuela, die sich während unserer Schulzeit sehr für Design interessiert hatte, wollte eigentlich Innenarchitektin werden. Sie ging nach London an eine berühmte Designschule. Nach dem Abschluss wollte sie noch eine praktische Ausbildung in New York machen. Dann ging ihr Vater, der eine Kaufhauskette besaß, pleite. Das war das Ende der kostspieligen Ausbildungsträume. Manu kam nach Deutschland zurück, traf einen Mann und heiratete. Harald war ein notorischer Fremdgeher. Nach drei Jahren Ehe ließ sie sich scheiden. Sie arbeitete in einem Möbelladen, verdiente wenig und zerbrach sich den Kopf, wie sie doch noch ihre Träume erfüllen konnte. Sie heuerte bei einem großen Auktionshaus an.

„Dort war ich zumindest von schönen Dingen umgeben", erzählt sie. Ehemann Nummer zwei traf sie bei der Sichtung des Nachlasses eines bekannten Politikers. „Er war dessen unehelicher Sohn, verstand viel von Jugendstilmöbeln und Gemälden aus der Zeit vor dem Ersten Weltkrieg. Simon schlug vor, mit mir zusammen einen Laden mit Antiquitäten in München aufzumachen." Simon hielt Hof. Manuela arbeitete. Das ging einige Zeit gut, bis sie die Reißleine zog. Bei der Scheidung übernahm Manuela den Laden. Ihr Ex ging nach Südamerika. „Ich habe nie mehr etwas von ihm gehört!"

Manuela spezialisierte sich auf Asiatika. Das Geschäft lief gut. Mit Anfang 30 lernte sie Ehemann Nummer drei kennen, bekam einen Sohn und glaubte, angekommen zu sein. „Zumindest machte ich mir das vor!", sagte sie.

Wir hörten ihr zu und fragten uns, aus welchem Hut sie Ehemann Nummer vier zaubern würde. Ihre Tochter Jessica war das Ergebnis eines, wie Manu gestand, „sehr lustvollen Fehltrittes". Bald war auch wieder Platz für einen Vierten. „Das wird jetzt wohl der letzte sein!", lachte sie.

Carina war ganz fasziniert von Manuelas Erzählung. „Ich frage mich allerdings: Warum musstest du denn immer gleich heiraten?" – „Keine Ahnung", sagte Manuela. „Es war halt so!"

Helga schüttelte nach diesem Geständnis und den vielen Ehen nur den Kopf. „Bist du denn jetzt allein?", wollte sie wissen. – „Gott sei Dank, ja! Ich hätte die Nerven auch gar nicht mehr. Noch so ein kompliziertes Monster würde ich nicht ertragen!"

Suse war im Laufe der Stunden sehr still geworden. „Wisst ihr", sagte sie plötzlich, „ich würde mich so gern noch einmal verlieben. Einfach ohne viel nachzudenken. Hals über Kopf. Mit dem Wissen, es besteht kein Zwang, dass es für die Ewigkeit ist." Und ihr Mann? „Der sieht mich doch gar nicht mehr! Im Bett passiert seit Jahren nichts. Toll war es auch früher nicht. Ich blöde Kuh war ihm auch immer treu. Obwohl ich die eine oder andere Chance gehabt hätte!"

Während des ganzen Nachmittags und Abends fragte ich mich, wie die Erzählungen und Geständnisse wohl auf Carina gewirkt haben. Seit 40 Jahren saß sie nun in diesem Rollstuhl. Ich habe sie nie wirklich jammern gehört. Hatte sie je einen Flirt? Hatte ihr Mann in dieser langen Ehe Sex mit anderen Frauen? Und wusste sie davon? Wir haben nie darüber gesprochen. Sie fragte mich nicht nach meinen Affären. Ich hatte nie gewagt, dieses Thema anzusprechen.

Im Laufe des Abends wurde nicht nur viel gelacht, es flossen auch ein paar Tränen über verpasste Chancen. Aber auch die anfänglichen Feindseligkeiten wurden begraben. Tina war es, die es aussprach: „Ist doch lächerlich. Da sitzen wir alten Hennen und giften uns an. Grad so, als hätten wir nichts im Leben gelernt!"

Wir schworen uns, diese Treffen jedes Jahr oder wenigstens jedes zweite Jahr abzuhalten. Das war vor fünf Jahren. Wir haben uns nicht mehr wiedergesehen. Vielleicht liegt es daran, dass Carina vor drei Jahren gestorben ist.

Sexualität

Tabus zum Teufel jagen

> Wenn man älter wird, lässt dieses
> Feuer ja ohnehin nach, es wärmt einen,
> aber es verbrennt einen nicht mehr.
>
> *Vicki Baum (1888–1960),*
> *österreichisch-amerikanische Schriftstellerin*

Wer bestimmt eigentlich, bis zu welchem Alter ein Mensch Sex haben soll? Haben nur die Jungen ein Anrecht auf Zärtlichkeit und Erotik? Warum glauben viele ältere Frauen, dass sie sich zum Gespött machen, wenn sie bekennen, dass ihnen körperliche Liebe immer noch viel bedeutet?

Frauen, die in den verklemmten 50er-Jahren aufwuchsen, wurden sehr oft noch Geschichten von bestäubenden Bienchen und Klapperstörchen aufgetischt. Dass eine Großmutter Spaß an Sex haben könnte, galt als völlig ausgeschlossen. Schon allein darüber zu sprechen war ein Tabu. Sollte es dann doch passieren, hatte es unter der Bettdecke zu bleiben. Doch die Zeiten und Freizügigkeiten haben sich geändert. Und warum sollte das nicht auch für die Generation X plus gelten? Jetzt im letzten Drittel des Lebens gilt es, endlich die Schamgrenzen zu überwinden.

Es ist eine Mär, dass Frauen ihr Interesse an Sex und Erotik nach der Menopause verlieren würden. Wer glaubt, dass ältere Frauen ihr Lustpotenzial an Stricknadeln oder Kuchenbacken vergeuden, irrt gewaltig! Ein Drittel der Paare im Alter von über 70 Jahren hat noch regelmäßig Geschlechtsverkehr. Zärtlichkeit wünschen sich 90 Prozent der Frauen bis an ihr Lebensende. Selbstbefriedigung, ein schwieriges Thema, geben 40 Prozent der Frauen zu. Erotische Fantasien auszuleben oder auch nur anzusprechen, scheitert leider allzu oft an der Schamhaftigkeit, mit der unsere Generation noch erzogen wurde. Allerdings gaben bei der Befragung ein Drittel der über 80-jährigen Damen zu, dass sie sehr wohl hin- und wieder erotische Träume hätten.

Es gibt keine in Stein gemeißelten Regeln, wie und ob man sich seine sexuellen Wünsche erfüllt. Voraussetzung für ein befriedigenden Sexleben im Alter ist: Offen und ohne Hemmungen seine Bedürfnisse zu erkennen, zu leben und sie auch dem Partner mitzuteilen. Einer der wichtigsten Schritte für ein erfülltes Sexualleben ist der Abbau der Schamgefühle dem eigenen Körper gegenüber. Außerdem sollte man sich beim Ausleben seiner Sexualität keine Leistungszwänge auferlegen.

Sex im Alter – der bessere Sex!

Die Orgasmusfähigkeit im Alter ist teilweise besser. Davon abgesehen, dass die Feuchtigkeit in der Vagina nachlässt – was aber sehr einfach zu korrigieren ist –, gibt es keinen Grund, auf Sex zu verzichten. Die sexuelle Reaktionsfähigkeit (Erregbarkeit und Orgasmusreaktion) bleibt bei Frauen im Wesentlichen unbeeinträchtigt und bis ins hohe Alter erhalten. Viele Belastungen sind inzwischen weggefallen. Verhütung ist kein Thema mehr. Das einzige Problem ist dann, dass ein Partner fehlt. Falls Sie mit einem etwa gleichaltrigen Mann verheiratet waren, sind Sie mit über 70 möglicherweise schon Witwe.

Den richtigen Mann zu finden, dem Sie ihre erotischen Fantasien anvertrauen können, ist nicht einfach. Dazu braucht es Mut und Offenheit. Springen Sie über Ihren Schatten, vielleicht ist ein potenzieller Partner näher, als Sie denken. Oder versuchen Sie es in einem der Dating-Portale (mehr dazu im Kapitel „Ins Netz gegangen").

Es gibt im Netz auch Portale, in denen es nur um Sex und Erotik geht. Benutzen Sie ein Pseudonym. Dann fällt es Ihnen leichter. Um in Stimmung zu kommen: Im Fernsehen gibt es Pornokanäle. Auch als Frau kann man sich einen Porno ansehen. Vielleicht entdecken Sie dort Dinge, die Sie gern einmal selbst ausprobieren würden. Trauen Sie sich!

Die Universität Leipzig hat in einer Studie festgestellt, dass Ältere im Bett aktiver sind, als es ihre Enkel wohl vermuten. Demnach haben Menschen um die 60 häufiger Geschlechtsverkehr als junge Leute unter 25. Etwa 60 Prozent der Männer und Frauen über 75 erklärten, Sexualität sei ihnen wichtig.

Im Gegensatz zu ihren Geschlechtsgenossinnen in den USA sagten deutsche Frauen dieser Altersgruppe mit knapp 27 Prozent nur selten, sie hätten kein Interesse an körperlicher Liebe. Allerdings klaffte eine Lücke zwischen Verlangen und Erfüllung.

Vor kurzem hätten Ältere kaum über ihre Sexualität geredet. Die Schamgrenze gegenüber der Generation ihrer Enkel sei zu groß gewesen, stellte John Bancroft vom Kinsey Institute der Indiana University in Bloomington fest. Jetzt schwinge das Pendel in die andere Richtung: Das Interesse an Sex und Erotik nehme zu, nicht zuletzt, weil es inzwischen Medikamente gegen nachlassende Leistungsfähigkeit im Bett gibt. Die Autoren der Studie aus Chicago fanden auch heraus, dass die Forschung durch den Markt für Potenzmittel sowohl für Frauen wie auch für Männer angetrieben werde.

Das Liebesspiel im Alter dauert in der Regel länger und ist befriedigender als in jüngeren Jahren. Denn Männer ab

40 haben wesentlich seltener einen vorzeitigen Samenerguss. Der Druck, einen Orgasmus zu bekommen oder die Partnerin bzw. den Partner bis zum Höhepunkt stimulieren zu müssen, fällt eher weg, weil sich die Bedürfnisse, Wünsche und Ansprüche beim Sex verlagern. Das Wohlbefinden durch die empfundene Nähe löst oft den Wunsch nach Befriedigung durch körperliche „Spitzenleistungen" ab.

Wer nicht wagt, der nicht gewinnt

Auf dem Geburtstag meiner Freundin Michaela, die zu ihrem 73. nur Mädels eingeladen hatte, wollte ich, als die Stimmung auf dem Höhepunkt war, wissen, wie die Damen es mit dem Sex hielten.

Nicole, Ende 50, eine kurvige Rothaarige, Kosmetikerin und Mutter zweier halbwüchsiger Buben, fragte kichernd: „Den im Ehebett oder den heimlichen?"

Angela, 67, Deutschlehrerin, geschieden: „Hast du etwa die Wahl?"

Nicole: „Seit ein paar Monaten bin ich, was Sex angeht, auf meinen angetrauten Peter nicht mehr angewiesen. Bei ihm geht nur ganz selten etwas. Außerdem macht mich sein Bierbauch nicht wirklich an. Er ist so der Rein–raus-Typ."

Nicole hatte in der Reha Max kennengelernt. „Er ist ein paar Jahre älter als ich, Steuersachverständiger, verheiratet und kann nie genug Sex haben. Max ist ein Naturtalent. Wir treffen uns einmal die Woche in seinem Büro. Günther erzähle ich, dass ich einen Fortbildungskurs besuche. Er hinterfragt nichts. Er merkt nichts. Manchmal glaube ich, er sieht mich gar nicht mehr."

Nicole tat dieser Ausbruch aus dem Ehealltag sichtlich wohl. Sie hat eine neue Frisur und schminkt sich sorgfältiger. Nur ungern würde sie auf dieses ‚Zuckerl' verzichten. „Wenn ich für Max nicht mehr spannend bin, suche ich mir einen anderen", sagte sie. „Diese sexuelle Unterversorgung kommt nicht mehr in Frage!"

Von Liebe, Besitzdenken oder einer Zukunft ist in diesen Arrangements nie die Rede.

Julia, 74, Wirtin eines kleinen Restaurants, geschieden, seufzte. „Ich hab zwar Gäste, die mir mal zuzwinkern – aber so richtig angebaggert hat mich bisher noch keiner. Ich glaube, ich wäre in so einer Situation auch total verkrampft. Außerdem könnte ich mich vor einem Fremden nicht nackt zeigen. Besonders toll sieht man ja in meinem Alter nicht mehr aus."

Sabine, 68, eine große, schlanke Blondine, die keinen Tag älter als 55 aussieht, ist zweimal geschieden. Sabine arbeitet als Reisekauffrau. Sie ist eine der wenigen, die immer direkt auf ihr Ziel zusteuert. „Wenn mir ein Mann gefällt, lasse ich es ihn spüren. Reagiert er nicht auf mich: kein Problem. Ersatz ergibt sich mühelos."

Sabine, die auf eine stattliche Zahl von Lovern zurückblicken kann, redete nicht lange um den Brei herum: „Ich will guten Sex und habe nicht die Absicht, irgendwelche lahmen Typen anzulernen. Wer es nicht bringt, bekommt selten eine zweite Chance!"

Sabine tendiert seit kurzem zu sehr viel jüngeren Männern. Sie hat keine Probleme, sich nackt zu zeigen. „Jüngere Männer haben einfach einen schöneren Körper", sagte sie. „Außerdem riechen sie besser!" Ihre neueste Eroberung war 43 Jahre alt. „Das kann doch niemals gut gehen!", meinte eine der Freundinnen.

Sabine lachte. „Ich will den Burschen doch nicht heiraten. Wir sind zusammen, so lange wir Spaß haben. Keine Ewigkeitsschwüre, keine Verpflichtungen."

Ich fand es interessant, wie sich plötzlich unter meinen Freundinnen tiefe Gräben auftaten. Ich hatte alle für tolerante, auch beim Thema Sex offene Frauen gehalten. Drei von ihnen behaupteten, keinerlei Lust mehr auf Sex zu haben. „Wir haben damit abgeschlossen!"

Für Elisabeth kam Geschlechtsverkehr in ihrem Alter, sie ist 72, nicht mehr in Frage. „Das ist doch würdelos! Eine Frau in meinem Alter sollte sich nicht lächerlich machen!" Der Rest, etwa zwölf Frauen, leugnete zumindest nicht, noch interessiert zu sein. Sie hätten nur so wenige Chancen, einen wirklich potenten Partner zu finden. Ihre Ehemänner genügten streng genommen ihren Erwartungen nicht. Zärtlichkeit und Leidenschaft waren irgendwann auf der Strecke geblieben. Und darüber reden wollten die Männer partout nicht.

Zum Thema Selbstbefriedigung mochte die Hälfte meiner Freundinnen nichts sagen. Taten sie es nicht oder schämten sie sich? Lediglich Hanna (77) erzählte, dass sie sich ein ganzes Sortiment an Liebesspielzeug zugelegt hatte. Hanna, als Fotografin noch immer gut im Geschäft, trägt ihre weiß gefärbte Mähne offen. „Ich bin gern unabhängig", sagte sie auf die ungläubigen Blicke einiger Anwesenden. „Wenn es bei mir kribbelt, dann möchte ich nicht erst auf die Suche nach einem Mannsbild gehen müssen!"

Suse, 71, eine herbe Blonde, der eine gut gehende Apotheke gehört, war auf der Suche nach einem Bettgenossen. Ihr Mann war vor fünf Jahren gestorben. Er war ihre große Liebe. Drei Jahre lang hatte sich Suse zurückgezogen. Als sie wieder offen war für neue Bekanntschaften, sah sie sich in ihrem Freundeskreis um. Vergeblich. Sie bekannte sich mir gegenüber offen zu ihren erotischen Sehnsüchten. „Mein Mann hatte allen meinen erotischen Bedürfnissen genügt. Wir waren auch in dieser Beziehung ein gutes Paar. Jetzt fehlt mir Sex."

Ich schlug ihr vor, es doch mal in einem der Foren im Netz zu versuchen. Suse zögerte. Sex mit einem Unbekannten, das war nicht wirklich ihr Ding. „Können wir nicht mal zusammen in den Computer schauen", bat sie mich.

Der Ton in den einschlägigen Foren ist sehr direkt. Dafür garantiert man eine gewisse Anonymität. Unzählige Männer sagen freimütig, was sie sich vorstellen. Suse war anfangs etwas geschockt. Von eleganter Werbung keine Spur. Doch dann hat sie es doch gewagt. Sie traf den 68-jährigen Ferdinand. Den sie schon vor dem Vollzug verließ.

Nach einem halben Jahr und diversen Reinfällen lernte Suse Markus kennen. Markus hatte ebenfalls seine Partnerin verloren. Sie redeten viel, bevor sie sich entschlossen, ein Wochenende miteinander nach Wien zu fahren. Das war vor zwei Jahren. Suse und Markus haben nicht den Fehler gemacht zusammenzuziehen. Sie sehen sich regelmäßig und entdecken viele Gemeinsamkeiten. Pläne für die Zukunft schmieden sie nicht. „Wir lassen alles auf uns zukommen. So bleiben wir neugierig aufeinander", sagte Suse mir.

Neulich stellte Suse mir ihren Markus vor. Sie wirkten wie ein Paar, das schon eine lange gemeinsame Strecke Lebens hinter sich gebracht hatte: sehr liebevoll und harmonisch.

Wer nicht wagt, gewinnt auch nicht!

Worauf warten Sie noch?

Wann, wenn nicht jetzt?!

Ins *Netz* gegangen

Keine Grenze verlockt uns mehr zum Schmuggeln als die Altersgrenze.

Karl Kraus (1874–1936),
österreichischer Schriftsteller

Es gibt unzählige Partnerschafts- und Dating-Börsen im Internet: für Akademiker, Christen, Muslime, Lesben, Schwule, Behinderte, besonders große oder kleine Menschen und natürlich für Ältere (60 plus). Wirklich witzig fand ich das Portal für Millionäre. Als ich es angeklickt habe, gab es leider keine einzige Anfrage. Pech gehabt! Einige dieser Börsen sind kostenlos, andere verlangen Gebühren.

In Deutschland suchen drei Millionen feste Mitglieder entweder nach der Frau oder dem Mann ihres Lebens. Oder einfach nur nach etwas Spaß im Alltag. Täglich sind davon 50.000 online. Die schwierige Frage, wo man einen Partner kennenlernt, ist über das Netz viel einfacher zu beantworten. Ganz gleich, wie alt eine Frau oder ein Mann ist, behaupten die Partnerschaftsinstitute, jeder Topf könne seinen Deckel finden. Für Millionen von Singles soll es schon geklappt haben.

Bei den großen, etablierten Portalen füllt man einen Fragebogen aus. Dort wird angegeben, wer man selbst ist und was man sucht. Tunlichst sollten die Interessenten nicht zu sehr schwindeln. Spätestens beim ersten Treffen sind Enttäuschungen sonst vorprogrammiert. Sich 20 Jahre jünger zu machen hilft wenig. Auch als mollige Frau Mannequinmaße anzugeben bringt nichts. Bleiben Sie möglichst nahe an der Wahrheit.

Wenn Sie Angst davor haben, zu viel von sich preiszugeben, legen Sie sich doch eine E-Mail-Adresse unter einem Pseudonym zu. Dorthin können Sie dann Ihre Anfragen leiten.

Achten Sie aber darauf, keine Fragen über Ihren Finanzstatus zu beantworten. Weder ob Sie in einer Eigentumswohnung logieren noch über andere Besitztümer. Das lockt nur Menschen an, auf die Sie verzichten sollten.

Die Spreu und der Weizen

Gudrun K. (67), ehemalige Bibliothekarin, hat sich bei einem kostenpflichtigen Portal angemeldet. Die erste Hürde war der Fragebogen. „Ich wurde aufgefordert, wahrheitsgemäß über mich Auskunft zu geben. So seien meine Chancen am größten. Okay, dachte ich. Auf ins Abenteuer! Also – als erstes legte ich mir den Alias-Namen Margarete zu. Alter: 60 plus, Größe: 163 cm, Gewicht: 58 kg, Haarfarbe: wechselnd, Augenfarbe: braun, Familienstand: geschieden, Kinder: 2, Beruf: Bibliothekarin. Sprachkenntnisse: Englisch/Französisch, Sternzeichen: Krebs. Hobbys: keine. Sogar mein Fitness-Level musste ich angeben: niedrig.

Dann musste ich ein Fragespiel durchlaufen:

1. Wo würdest du gern wohnen? In einer Altbauwohnung oder auf dem Land? – Ich wählte die Altbauwohnung in der Großstadt.

2. Deine Traumreise geht zum Wandern in die Dolomiten oder nach Asien? – Ich zog eine Asienreise dem Wanderweg über die Dolomiten vor.

3. Legen Sie großen Wert auf gute Manieren oder sind diese für Sie ein überschätztes Beiwerk? – Ich gestand, dass gute Manieren für mich kein Beiwerk sind und schon gar kein lästiges!

Dann sollte ich noch drei Fragen an die Männer stellen. Ich entschied mich für:

1. Seit wann lebst du allein? (Ich will keinen, der verheiratet und nur auf ein Abenteuer aus ist.)

2. Wie viel Freiraum gestehst du deiner Partnerin zu? (Ich will definitiv keinen Macho.)
3. Suchst du jemanden, mit dem du auf Augenhöhe leben und lieben willst? (Ich bin weder eine billige Haushälterin noch ein unterwürfiges Aschenputtel.)

Gelogen hatte ich nur unwesentlich. Ich ging stramm auf die 70 zu. Ich stellte noch ein Foto online, besorgte mir eine neue E-Mail-Adresse und eine zweite Mobilnummer. Ich war wahnsinnig aufgeregt. Ging, nachdem meine Anfrage online war, nahezu jede Stunde zum Computer. Die ersten Mails, die ich bekam, waren jedoch enttäuschend.

Ob ich kochen könne, fragte ein Henri (62). Er beschrieb sich als ‚Feinschmecker – der auch zu Hause erstklassig tafeln möchte'. Ich sah mir das Foto an und fand, dass Henri wohl zu viel der guten Speisen zu sich nahm. Er war ziemlich feist. Ich antwortete ihm, dass ich lieber zum Tafeln ausgeführt werden möchte. Damit war sein Interesse erloschen.

Peter (65) fiel gleich mit der Tür ins Haus. ‚Ich bin ein sinnlicher Mensch', schrieb er. ‚In einer Beziehung muss es knistern: immer! Wie hältst du es mit dem Sex?' Peter, der angab, Frühpensionär zu sein, hatte anscheinend wenig andere Interessen.

Drei Tage später las ich dann endlich eine akzeptablere Anfrage: Marcus (69) schrieb, dass er Wert auf das ‚c' in seinem Vornamen lege. Trotz dieser Affigkeit gefiel mir sein Brief. Er war Seniorpartner in einer Anwaltskanzlei, geschieden, hatte drei erwachsene Kinder und schrieb einfach nur: ‚Liebe Margarete – ich liebe das Leben! Wie steht es mit Ihnen?'

Ich antwortete, dass ich ebenfalls kein Kind von Traurigkeit sei und dass ich ihn gern treffen würde."

Die beiden verabredeten sich in einer gerade angesagten Bar, die Marcus vorgeschlagen hatte. Margarete, die eigentlich Gudrun hieß, hätte am liebsten kurz vor dem Treffen abgesagt. Was kann das schon bringen, fragte sie sich. Der Kandidat auf dem Foto, das dem Profil von Marcus beigefügt war, entsprach nicht wirklich Gudruns bevorzugtem Männertyp. Es muss ein Jugendfoto gewesen sein!

Der Mann, der Gudrun in der Bar erwartete, war eisgrau und trug einen Oberlippenbart. Er eilte auf sie zu, umarmte sie heftig und sagte: „Schön, dass Sie gekommen sind. Ich hatte schon Bedenken, Sie könnten unsere Verabredung vergessen haben!"

Gudrun fand Oberlippenbärte entsetzlich. „Auch diese Umarmung war für mich der Touch zu viel! Aber nun war ich mal hier und Spielverderberin wollte ich auch nicht sein!"

Marcus bestellte Champagner und sprach und sprach und sprach. Über seine Kanzlei, seine Reisen, seine Häuser, seine ach so tollen Kinder… Er machte keine Pause, stellte keine Fragen, rückte nur sich selbst ins rechte Licht. Nach über einer Stunde zog Gudrun die Notbremse.

„Jetzt kenne ich einen Großteil Ihres Umfeldes und eine Menge über Ihr Leben. Ich werde darüber nachdenken. Seien Sie mir nicht gram, aber mir schwirrt der Kopf. Ich werde mich jetzt verabschieden!" Gudrun floh nahezu aus der Bar. „Dieser ich-bezogene Schwafler hatte mich derart genervt. Ich wollte ihn nicht wiedersehen!" Aber auch Marcus mit „c" meldete sich nicht wieder.

Zwei Monate später lernte Gudrun Werner (61) kennen. Sein Profil entsprach der Realität. Werner hatte ein Taxiunternehmen, war Witwer und kinderlos.

„Es war zwar nicht die Liebe auf den ersten Blick, aber wir verstanden uns gut. Inzwischen sind wir beste Freunde mit der Aussicht, dass daraus noch mehr wird!"

Katrin (64), Lehrerin für Geschichte und Sport, hat ein kostenloses Portal getestet.

„Ich suche keinen Mann zum Heiraten. Ich will einfach neue Menschen kennenlernen." Katrin, eine durchtrainierte sportliche Person, machte die unterschiedlichsten Erfahrungen. „Vom Abzocker, der in einem Restaurant, in das er mich eingeladen hatte, plötzlich seine Brieftasche nicht mehr fand, bis zum Sexmaniac, der mir sofort einen One-Night-Stand anbot. Dann aber hat sich eine Skatrunde zusammengefunden mit wirklich prima Leuten. Zwei der Männer treffe ich auch noch zum Golfen, mit zwei Frauen spiele ich Tennis oder wir gehen im Sommer schwimmen. Ich finde, es hat sich gelohnt. Aber man muss Geduld mitbringen. Die Spreu vom Weizen trennen!"

Online – offline – welche Beziehungen sind stabiler?

Die Haltbarkeit von Partnerschaften, die über das Netz geschlossen wurden, ist noch weitgehend unerforscht. Wenn sich ein Paar gefunden hat und in einer Beziehung lebt, haben die Dating-Portale meistens keinen Zugriff mehr. Aus dem Single ist ein Doppel geworden.

Das amerikanische Dating-Portal OkCupid, das über vier Millionen Mitglieder hat, versuchte zumindest einen gültigen Überblick zu bekommen. Lars Backstrom und Jon Kleinberg von OkCupid haben aus den Daten von 1,3 Millionen Paaren, die sich im Netz kennenlernten und denen es gelungen ist, länger zusammenzubleiben, folgendes herausgefiltert: Da diese Paare sich schon durch Frage- und Testbögen über ihre Vorlieben geäußert haben, gibt es bereits ein Grundverständnis. Die Idee bei den Dating-Portalen ist, dass sich grobe Fehlgriffe von vornherein ausschließen. Allerdings gibt es auch da ein mehr als seltsames Phänomen: Paare, die sich online getroffen haben, bleiben aus völlig anderen Gründen zusammen als wegen der Vorlieben, die sie selbst bei der Partnersuche angegeben hatten. Nutzer suchen beispielsweise nach religiösen oder politischen Kriterien und legen Wert auf das Aussehen. Für die Dauerhaftigkeit der Beziehung spielen später jedoch völlig andere Faktoren eine Rolle. Etwa: Schauen sich beide gern Gruselfilme an? Sind sie bereits allein im Ausland gewesen. Gehen sie gern wandern oder wie souverän handeln sie in Stresssituationen?

Ein Selbstversuch

Meine Recherchen und die Gespräche über die Partnersuche im Netz haben mich neugierig gemacht. Ich wollte es selbst ausprobieren. Wie es technisch geht, wusste ich ja bereits. Mit dem Alter schummelte ich mich für diesen Zweck zehn Jahre jünger. Das hat auch keiner der Herren bemängelt.

Drei Männer habe ich mir aus den Zuschriften herausgepickt. Als ersten Besucher meines Profils schlug mir Parship ihn vor:

„Er, Unternehmer, 69, 185 cm groß, 82 Kilo möchte Sie kennenlernen."

Sein Profil klang seriös. Mr. 9706A3 stellte sich als Mann von Welt vor. Einer, der Asien genauso gut kannte wie die USA. Der beruflich in Uganda und Canberra unterwegs war und privat kleine Inseln in der Karibik bevorzugte. Nr. 9706A3 sah auf dem freigeschalteten Foto gut aus, gab an, einige Kilo zu viel auf den Rippen zu haben, aber sich bemühe, sie mit Sport (Golf und Tennis) wieder abzutrainieren. Er liebe das Theater, schrieb er, und höre sowohl Klassik als auch Jazz gern. Der Platz an seiner Seite wäre noch frei.

Ich antwortete sofort und zeigte mich erfreut. Zumal mein zukünftiger Traummann auch noch München als seinen Wohnort angab. Er gab mir seine Handynummer und bat um die meine. Die ich erst mal nicht herausrückte. Wir müssen uns dringend in die Augen sehen, schrieb er. Allerdings werde er am nächsten Tag beruflich nach L.A. fahren, danach habe er jede Zeit der Welt für mich. Ich hatte keine Eile, wünschte ihm eine gute Reise und kümmerte mich um meine anderen „Traummänner".

Zurückgekehrt aus L.A. meldete sich der weit gereiste Unternehmer. Wir vereinbarten als Treffpunkt die Halle des Hotels „Vier Jahreszeiten" in München. Danach wollten wir gemeinsam zu Abend essen. Claudius, wie er sich nannte, war charmant, teuer gekleidet und verstand sich darauf, amüsant zu plaudern. Beim Italiener, den er ausgesucht hatte, beflirtete er mich heftig. Endlich mal in dieser Einöde von schrägen Typen ein Mann, der unterhaltsam und nicht ganz hohl im Kopf war! Er lud mich ein, ein paar Tage mit ihm in Barcelona zu verbringen. Beim Abschied versprach ich, darüber nachzudenken.

Claudius gefiel mir. Weder hatte er versucht, mir die Rechnung unterzujubeln, noch darauf gedrängt, einen Absacker bei mir zu trinken. Er bedankte sich auch am nächsten Tag schriftlich für „den wundervollen Abend". Er hoffe, dass aus dieser Bekanntschaft eine aufregende Partnerschaft würde.

Bei dem Essen beim Italiener hatten zwei Freunde von mir am Nebentisch gesessen. Die rief ich am nächsten Tag an, um deren Meinung über Claudius zu hören. Von wegen: Der Platz an meiner Seite ist frei. Claudius hieß Herbert und war seit einer Ewigkeit verheiratet mit der Erbin einer Versandhauskette. So viel zu den ach so soliden Typen aus dem Netz.

Ich schrieb Claudius alias Herbert eine Mail mit der Frage, ob er eine Ménage à trois erwäge und seine Ehefrau auf unseren anvisierten Kurztrip mitkäme. Von Claudius/Herbert kam keine Antwort.

Die zweite Nachricht war von einem Schwarzafrikaner. Er hatte sein Profil überschrieben mit: „African-man-solo".

„Du gefällst mir!", schrieb African-man. „Bin sehr einsam. Seit 6 Jahren habe keine Freundin. Seit 8 Jahren bin in Germany. Es ist kalt hier. Viele Frauen mögen nix African. Und du? Ich kann auch nix gut deutsch!"

Ich schlug ihm vor, mir in Englisch zu mailen. Und wollte wissen, woher er in Afrika kommt und was er denn so beruflich macht. African-man-solo hatte kein Foto zu seinem Profil gestellt. Vielleicht meinte er, dass dies seine Chancen, endlich eine Freundin zu finden, noch verringern würde.

Ich erfuhr, dass er aus Kenia kam. Zwischen Mombasa und Malindi gelebt hatte und Straßenbauingenieur sei. Seine Mails waren sehr knapp. Als ich ihm schrieb, dass ich Kenia kenne und auch die Straße zwischen Mombasa und Malindi schon gefahren sei, folgte eine briefliche Jubelorgie. Sie gipfelte in dem Geständnis: „Du bist Frau mein Leben. Wir müssen feiern. Vielleicht heiraten. Wer meine Heimat liebt, liebt auch African-man."

Tja – was tun? Eigentlich hatte ich nicht die Absicht, mit African-man in Kenia zu leben. Auf der anderen Seite wollte ich mich anständig verhalten. Ich antwortete: „Lieber African-man, sollten wir mit der Eheschließung nicht warten, bis wir uns besser kennen bzw. überhaupt erst einmal in die Augen geblickt haben? Ich warte noch immer auf ein Foto!"

Das Foto kam nicht, aber ein empörter Brief. „African-man ist traurig. Alle deutsch Frauen gehen auf Aussehen. Du bist wie alle!"

Das war das Ende meiner schwarzafrikanischen Blitzromanze.

Aber Testmann Nr. 3 war ein Glücksfall. Er hatte sein Profil mit „Bauer sucht Frau" überschrieben. Das Foto zeigte einen braungebrannten Endfünfziger mit einem freundlichen und sympathischen Gesicht. Wir verabredeten ein Treffen im Biergarten am Chinesischen Turm. Rudi, ein Mann wie ein Baum, kam in einem uralten Mercedes mit einem überquellenden Picknickkorb. Er deckte auf, holte uns Bier und lachte erst einmal kräftig. „Dass du net als Bäuerin taugst, war mir scho klar!", grinste er. „Aber was soll's! Der Mensch lernt nur aus Erfahrung!"

Es wurde ein richtig lustiger Nachmittag. Rudi erzählte von seinem Hof, seinen Viechern und der vergeblichen Suche nach einer Frau. Die eigene war vor Jahren mit einem, wie er sagte, schmalzigen Italiener durchgebrannt. Wir trennten uns mit meinem Versprechen, ihn auf seinem Hof zu besuchen. Was ich auch wirklich tun werde, selbst wenn es als Bäuerin nichts wird.

Fazit: Wer auf der Suche ist, hat natürlich mehr Auswahl, wenn er ins Netz geht. Ob allerdings die große, romantische Liebe bei dieser verwirrenden Auswahl dabei ist? Sie müssen es einfach ausprobieren!

Ödipus,
na und?

> Es ist traurig, eine Ausnahme zu sein.
> Aber noch viel trauriger ist es, keine zu sein.
>
> *Peter Altenberg (1859–1919),*
> *österreichischer Schriftsteller*

Der reife Mann mit einer um Jahrzehnte jüngeren Frau an seiner Seite – diese Bild kennt man. Es ist von der Gesellschaft längst akzeptiert. Umgekehrt reagiert die Umwelt dagegen sehr viel hämischer. Eine ältere Frau, die einen sehr viel jüngeren Mann liebt, fordert abfällige Kommentare heraus. Sofort taucht das Wort Ödipuskomplex auf.

Hanni W. ist Besitzerin einer Großgärtnerei. Sie ist gerade 69 geworden. Eine schlanke, noch immer schöne Frau, der man ihr Alter nicht ansieht. Sie kann zupacken, was sie auch tut, und die Mannsbilder in ihrem Betrieb ganz schön aufmischen. Wer glaubt, sich auf ihre Kosten einen faulen Lenz machen zu können, irrt gewaltig. Hanni hat ihre Augen überall. Trotzdem ist sie eine beliebte Chefin. Ihre Kritik ist immer sachlich und meistens mit einer großen Portion Humor erträglich verpackt.

Hanni war verheiratet. Ihr Mann konnte, wie sie sagt, die Finger nicht vom Alkohol lassen. Als sie die Trinkerei nicht mehr ertrug, ließ sie sich scheiden. Das ging ohne große Probleme. Die Gärtnerei gehörte sowieso ihr. Die beiden Söhne sind inzwischen erwachsen. Lars, der Landschaftsarchitektur studiert hatte, arbeitet teilweise bei ihr, wenn er mal keinen Job findet. Oskar ist IT-Spezialist, verheiratet, er hat eine Tochter und ist, wie Hanni findet, ziemlich spießig.

Nach ihrer Scheidung hatte Hanni einige Affären. „Nix Ernsthaftes!", wie sie sagt. Sie hatte zwar nicht vor, wieder zu heiraten, „aber einen Mann an meiner Seite, das konnte ich mir schon vorstellen!" Zum jährlichen Sommerfest der Gärtnerei brachte Lars einen Freund mit. Peter war ebenfalls Landschaftsarchitekt. Im Gegensatz zu ihrem Sohn hatte Peter eine gut dotierte Anstellung bei der Bayerischen Schlösser- und Seenverwaltung. Auf Hannis Frage, ob er verheiratet sei, lachte er nur. „Ich habe es gern unkompliziert. Wenn ich mir die Ehen meiner Freunde so anschaue, kann ich nur sagen: nein danke!"

Peter gefiel Hanni. Er sah sich auf ihre Einladung die Gärtnerei an. Seine Ratschläge, was die exotischen Pflanzen anging, waren sehr gut. Obwohl er jünger war als ihr Sohn Lars, schien er wesentlich mehr berufliche Erfahrung zu haben. Sie vereinbarten eine Führung durch die neuangelegte Gartenlandschaft von Schloss Herrenchiemsee.

„Was soll ich groß sagen", erzählt Hanni. „Es herrschten vom ersten Augenblick eine Harmonie und ein Einverständnis zwischen uns. Wir sahen uns öfter und bemäntelten das immer mit irgendwelchen beruflichen Interessen. Tatsache aber war: Peter interessierte mich als Mann und umgekehrt war es genauso!" An einem Sommertag vor zwei Jahren lud er Hanni zu einem Badeausflug ein. „Ich hatte es im Gefühl, dass etwas Entscheidendes passieren würde: Wir wurden ein Paar!"

Hanni ahnte, dass es schwierig werden würde. Sie wagte anfangs nicht, ihren Söhnen davon zu erzählen. Auch mit Peter mochte sie nicht über ihre Bedenken reden. „Ich hatte einfach nur Angst, ich könnte etwas, was doch noch so jung war, zerstören!"

Peter machte schließlich Schluss mit der Heimlichtuerei. Nachdem er Hanni um Erlaubnis gefragt hatte, gestand er seinem Freund Lars die Beziehung zu dessen Mutter. Nach einer

Schrecksekunde reagierte Hannis Sohn relativ gelassen. Sein Kommentar war nur: „Richtet euch mal rechtzeitig auf einen heftigen Shitstorm ein!"

Was dann aber wirklich geschah, damit hatten weder Hanni noch Peter gerechnet. Als erstes machte ihr Sohn Oskar Hanni Vorwürfe. „Das ging von ‚geile Alte, die keinen Funken Anstand im Leib hat' bis zu dem Verbot, meine Enkelin zu sehen. Auch seine Frau brach den Kontakt zu mir ab. Er selbst fand, ich wäre krank im Kopf und müsse zu einem Psychiater." Peter versuchte mit Oskar zu reden. Vergebens. „Du bist ja genauso krank im Kopf wie meine Mutter! Das grenzt an Unzucht mit einer Frau, die dem Grab näher ist als dem Leben! Sie ist fast 30 Jahre älter als du! Das ist ja widerlich. Was versprichst du dir davon? Oder willst du sie beerben?"

Das Gerücht, dass Hanni eine Liebschaft mit einem Mann hatte, der jünger war als einer ihrer Söhne, verbreitete sich schnell. Kunden kamen und machten dumme Bemerkungen. Eine Frau sagte etwas von Sodom und Gomorrha. Ein langjähriger Kunde meinte: „Auch in der Ödipus-Saga nahm der junge Mann kein gutes Ende!" An der Mauer der Gärtnerei konnte man den Spruch lesen: Ödipus hat eben seine Mama lieb!

„Ich habe immer gedacht, mich wirft so schnell nichts um! Zum ersten Mal habe ich zu Hause gesessen und geheult. Tagelang. Selbst Peter wollte ich nicht sehen. Obwohl er sich wirklich gekümmert hat. Am übelsten war Oskar. Er hat mir gedroht, mich entmündigen zu lassen, falls ich auch nur im Entferntesten daran dächte, Peter zu heiraten bzw. ihm etwas zu vererben! Nur das Geld war ihm wichtig!"

Hanni, die die hämischen Kommentare sowohl ihrer Kunden als auch aus dem Freundeskreis nicht mehr ertrug, nahm eine Auszeit. Sie buchte drei Wochen Schönheitsfarm in Südafrika. Sohn Lars, der ebenfalls beschimpft wurde, weil er seine Mutter immer verteidigte, übernahm in dieser Zeit die Gärtnerei. Als sie Wochen später zurückkehrte, standen Peter und Lars am Flughafen. Beide nahmen sie in die Arme und sagten, quasi im Chor: „Gott sei Dank bist du wieder da! Ohne dich war's ziemlich fad!"

„Ödipus – Schnödipus. Hauptsache, er hat seine Mama lieb!"

Wenn Sie sich über solche Sprüche ärgern, halten Sie sich vor Augen, was es mit dem sogenannten Ödipuskomplex überhaupt auf sich hat. Sigmund Freud benannte nach dem Ödipus-Mythos ein psychoanalytisches Phänomen. Er postulierte die Rivalität zwischen Sohn und Vater und das Begehren der eigenen Mutter als „ödipale Phase" in der kindlichen Entwicklung. Der Ödipuskomplex entsteht nach Freud, wenn diese Phase nicht überwunden wird. Nach heutiger Auffassung gibt es diese Phase nicht, nur einzelne Situationen mit ödipalem Charakter. Geblieben ist der dämliche, verletzende Spruch, mit dem Paare diskriminiert werden, bei denen die Frau sehr viel älter ist als ihr Partner.

Was also soll daran skandalös sein, wenn eine Frau von 65 Jahren einen 30 Jahre jüngeren Mann liebt?

Undenkbar? – Nicht für sie

Das Ex-Denver Biest *Joan Collins* (79) ist seit zehn Jahren mit dem 32 Jahre jüngeren Theatermanager Percy Gibson verheiratet. Es ist ihre fünfte Ehe. „Diese Beziehung", so Collins, „ist perfekt! Er hält mich auf Trab. Ich fühle mich jünger als noch vor zehn Jahren!"

Die Autorin *Elke Heidenreich* ist 74 Jahre alt und lebt mit dem Musiker Marc-Aurel Flores zusammen. Marc-Aurel ist 28 Jahre jünger als Elke.

„Ich lebe zum ersten Mal mit einem Musiker zusammen. Das beglückt mich, ich bewundere meinen Mann. Jeden Tag live Rachmaninow und Mozart zu hören – wunderbar. Manchmal erwachen wir morgens im Bett und er behauptet, der Vogel im Garten singt falsch. Ich widerspreche natürlich."

Stört sie der Altersunterschied?

„Nein, wieso? Ich bin viel quirliger als er. Er ist ein Komponist, ein Träumer, der seine Wurzeln in der Luft hat, ich schaue, dass er nicht abstürzt. Es kann passieren, dass er mich am Bahnhof mit zwei verschiedenen Schuhen abholt. Ich plane unsere Reisen, unseren Alltag. Anfangs dachte ich, das ist eine kleine Affäre, die ich mir gönne. Dass daraus Liebe wird, war nicht geplant. Wir machen ja zusammen Opern, das verbindet sehr. Gemeinsame Arbeit ist mir wichtig. Wenn es nur um Körperlichkeit geht, müsste ich mich auf der Bootsmesse umschauen. Da sind knackigere Burschen als im Opernhaus oder auf der Buchmesse."

Vivienne Westwood, die schräge Erfinderin der Punkmode, ist 76 und fit wie eine 50-Jährige. Ihre Mode ist ebenso gewöhnungsbedürftig wie ihre karottenrot gefärbten Haare. Der Mann an ihrer Seite, der 28 Jahre jüngere österreichische Designer Andreas Kronthaler, erinnert sich noch genau, wie er seine Frau zum ersten Mal sah. Westwood hatte eine Professur an der Berliner Design Akademie. Kronthaler war dort Student.

„Als sie in die Klasse gekommen ist, dachte ich nur: ‚Wow! So jemanden hab' ich noch nie gesehen. Die schaut geil aus!' Sie trug einen Catsuit aus hauchdünnem Wollargyle, einen Hüftgürtel und Holzschuhe, es machte tak-tak, als sie in die Klasse gekommen ist. Sie hatte auch eine Lupe dabei und schaute sich alles genau an. Als sie anfing zu reden, war es dann so, als wäre in dieser Sekunde eine neue Welt für mich aufgegangen. Sie sprach mir aus der Seele. All die Dinge, die ich fühlte und dachte, aber nicht ausdrücken konnte, sprach sie da vorne am Lehrerpult aus. Ich habe mich bestätigt und erkannt gefühlt. Es war ein einschneidendes Erlebnis.

Sie suchte meine Gegenwart und hat sich sehr wohlgefühlt mit mir – und plötzlich waren wir ständig zusammen. Unaufhörlich. Wir sind essen gegangen, ins Theater, in Ausstellungen. Sie faszinierte mich. Sie hat keine Angst vor nichts und niemandem. Vivienne kann zwei Wochen alleine sein und mit keinem Menschen reden, das ist okay für sie. Ich hingegen bin ein ängstlicher Mensch."

Vivienne Westwood

Das Paar ist inzwischen 25 Jahre verheiratet. Glücklich, wie beide versichern. Andreas Kronthaler glaubt an die Ehe als Energiequelle.

„Ich will ohne Vivienne nicht sein. Nicht in meinem Leben und nicht in meiner Arbeit. Wir sind 24 Stunden am Tag zusammen! Wir fahren mit dem Rad ins Studio, um zu arbeiten. Sie ist immer für mich da. Wenn ich ein ultimatives Urteil brauche, dann bespreche ich es mit Vivienne, dann weiß ich, was zu tun ist."

Das derzeit prominenteste Beispiel ist sicherlich *Emmanuel Macron.* Er war 15 Jahre alt und Schüler des Jesuitengymnasiums La Providence im nordfranzösischen Amiens. Sie war damals 39 Jahre alt und seine Französischlehrerin, *Brigitte Torgneux,* verheiratet und Mutter dreier Kinder. Der Teenager Emmanuel Macron besuchte den Theaterkurs, den seine Lehrerin leitete. Knapp zwei Jahre später bearbeiten beide ein Theaterstück gemeinsam. „Das Schreiben hat uns jeden Freitag zusammengebracht und eine unglaubliche Nähe ausgelöst", beschrieb Brigitte Trogneux die Anfänge der Beziehung später in „Paris Match". „Ich spürte, dass ich ins Gleiten gerate, und er auch."

Eine solche Beziehung war undenkbar, erst recht in der Provinzstadt Amiens. Die Lehrerin, die aus einer angesehenen Chocolatiers-Familie stammt, überzeugte ihren verliebten Schüler, Amiens zu verlassen und an das Pariser Elitegymnasium Henri IV zu wechseln. Beide blieben aber in engem Kontakt. Mit 17 Jahren soll Macron versprochen haben: „Egal, was Sie tun: Ich werde Sie heiraten." Brigitte Trogneux glaubte an eine jugendliche Schwärmerei. Doch Emmanuel gab nicht auf.

„Sie ist die Frau meines Lebens", insistierte er, wenn seine Freunde ihn als verrückt bezeichneten. Macron machte Karriere. Seinen ersten Job verdankte er einem hervorragenden Abschluss am berühmten ENA-Institut. Macron wurde Finanzdirektor im öffentlichen Dienst. Er war gerade mal 28 Jahre alt. Danach bekam er ein Angebot der Pariser Denkfabrik Institut Montaigne. Für einen so jungen Mann eine unglaubliche Karriere.

Der Kontakt mit seiner großen Liebe war inzwischen mehr als eng. Brigitte ließ sich scheiden. Allen Unkenrufen zum Trotz heiratete sie 2007 Emmanuel Macron. Das Video vom Standesamt ist auf ungeklärte Weise ins Internet gelangt. Manche glauben, Macron selbst habe es veröffentlicht. „Oui", sagt er darin fröhlich, seine Frau im weißen Minikleid neben ihm. Heute ist er keine 40 und Großvater ihrer sieben Enkel.

François Holland machte ihn 2014 zum Wirtschaftsminister, aber Macron wollte mehr. Mit der Unterstützung seiner Frau, dem eigentlichen Motor seiner Karriere, erlangte er 2017 mit 37 Jahren als jüngster Mann der Geschichte das höchsten Amt im Staat: die Präsidentschaft.

Brigitte und Emmanuel sind das Lieblingspaar der französischen Klatschpresse. „Paris Match", das bekannteste aller französischen People-Magazine, brachte den 39-jährigen Mittepolitiker und seine Frau in weniger als einem Jahr vier Mal auf sein Cover. Brigitte elegant wie Carla Bruni im Innenhof des Elysee-Palasts. Leger bei einem Herbstspaziergang in Paris, aber auch im Badeanzug beim Sommerurlaub. Keines der französischen Blätter hat sich jemals über den Altersunterschied der beiden negativ ausgelassen. Im Gegenteil, nach zehn Jahren Ehe haben sie bewiesen, dass der Altersunterschied kein Hindernis für eine glückliche Beziehung ist.

Antoine de Saint-Exupéry (1900–1944), Schriftsteller sagte: „Die Erfahrung lehrt uns, dass Liebe nicht darin besteht, dass man einander ansieht, sondern dass man gemeinsam in gleicher Richtung blickt."

Worauf Paare mit Altersunterschied achten müssen

Lisa Fischbach, Psychologin bei dem Partnerschaftsportal Parship, glaubt, dass Paare mit großem Altersunterschied viel Toleranz füreinander brauchen. Schließlich befänden sie sich nicht im gleichen Lebensabschnitt, hätten keinen vergleichbaren Erfahrungshintergrund aus derselben Generation und seien nicht von ähnlichen gesellschaftlichen Werten geprägt. Die Stärke dieser Paare liege darin, dass sie ihre Unterschiedlichkeit schätzten.

Von einer Beziehung zu einem jüngeren Mann profitieren beide Seiten. Sie von seiner Flexibilität, Gelassenheit und Spontaneität – er von einer unabhängigen Frau, für die er nicht die Rolle des Versorgers übernehmen muss. Junge Männer genießen außerdem das Selbstbewusstsein und die Lebenserfahrung ihrer älteren Partnerin, was auch im Bett zu spüren sein kann. Natürlich können sich auch die Beziehungen einer älteren „Emma-Normalverbraucherin" mit einem sehr viel jüngeren Mann nach kurzer Zeit als ein Irrtum erweisen. Dagegen ist keine Beziehung gefeit. Dennoch wagen eine große Anzahl junger Männer mit einer Älteren anzubandeln. Die Hamburger Psychologin Heide Gerdts ist der Meinung, für ältere Frauen gäbe es kein schöneres Kompliment, als von einem jungen Mann begehrt zu werden. Wer den Stress, den die Umwelt meistens macht, aushalten würde, könne den Verjüngungseffekt voll genießen!

Freiraum für Gefühle

„Sie ist meine Traumfrau!", sagt *Pascal* (34) über seine dreißig Jahre ältere Partnerin *Lilo T.* (64). „Sie bietet mir mit ihrer Lebenserfahrung das, was ich früher nur schwer gefunden habe. Nicht nur im Bett. Sie ist in einer Lebensphase, in der man nicht mehr mit Familiengründung oder Karrierefindung beschäftigt ist. Sie hat sich gefunden – und das schenkt uns viel Freiraum für einen nicht alltäglichen intensiven Gedankenaustausch und Gespräche. Wir liegen da absolut auf einer Wellenlänge!"

Lilo hat an Pascal gefallen, dass er ohne jedes Vorurteil oder Klischee an ihre Beziehung heranging. „Mein Alter war für ihn nie ein Thema und wenn uns Leute schräg anschauten, hat er nur mit den Schultern gezuckt! Wir lieben uns und genießen unser Leben so lange, wie diese Liebe eben dauert!"

Claude K. (39) lernte die 68-jährige *Marie* auf einer Lesung kennen. Sie kamen ins Gespräch. Claude gefiel die offene, fast provokative Art dieser Frau. Zudem sah Marie noch fabelhaft aus. Sie verabredeten sich zu einem Jazzkonzert. Marie spürte zwar die Begeisterung ihres neuen Freundes, aber sie war zögerlicher mit immer weiteren Verabredungen. Ihre Freundinnen, denen sie von der Bekanntschaft erzählte, waren skeptisch. „Was wird der schon von dir wollen! Pass nur auf! Vielleicht vermutet er, auf ein goldenes Hühnchen getroffen zu sein!", sagte die eine. Die andere meinte nur: „Das kann doch nicht gut gehen!"

Marie jedoch war entschlossen, diesen Mann näher kennenzulernen. „Er war so unkompliziert. Frei von allen Vorurteilen. Zum ersten Mal störten keine erwachsenen Kinder und keine Ex-Ehefrauen. Alles war einfach und schön!"

Und Claude? „Was mich anzog, war ihre unkomplizierte Art. Sie sagte, was sie dachte, und das war klug und humorvoll. Manchmal sprach sie unangenehme Dinge aus. Nie aber in einer besserwisserischen Art. Sie war gebildeter, wusste mehr vom Leben und verpackte das so geschickt, dass ich manche schwierigen Brocken schlucken konnte."

Die erste Nacht war für Claude ein Erlebnis. „Ich liebe Erotik und war nie ein ‚Kostverächter'. Aber wie Marie damit umging – so hatte ich Sex noch nie erlebt. Sie wusste genau, was sie wollte, und konnte das auch artikulieren!" Angst vor der Zukunft mit Marie hat Claude nicht. „Sie ist die Frau meines Lebens. Ich bin glücklich, sie getroffen zu haben!" Ihn bedrückt vielmehr, dass Marie sein Ungestüm irgendwann zu viel werden könnte.

Und wie sieht Marie die gemeinsame Zukunft? „Keine Pläne machen! Ich lebe mit Claude von Tag zu Tag. Ein wunderbarer Zustand. Was kann sich eine Frau meines Alters mehr wünschen. Er begehrt mich und er liebt mich auch noch!"

Lassen beide die Anfeindungen ihrer Umgebung kalt? Marie hat anfangs darunter gelitten. „Dass es für viele Menschen nicht normal erscheint, dass die Frau fast 30 Jahre älter als der Mann ist, konnte ich noch verstehen. Dass aber die Bösartigkeit derartig massiv ist, war für mich schon belastend. Erfreulich waren meine beiden erwachsenen Kinder. Sie lieben Claude und unternehmen, sehr oft ohne mich, eine Menge mit ihm."

Es ist nie-, niemals zu spät für eine Liebesbeziehung! Gehen Sie mit offenen Augen durch die Welt. Bleiben Sie neugierig auf andere Menschen. Und vor allem: Glauben Sie an den Augenblick!

Altersbilder
mit zweierlei
Maß

Alt sein ist ja ein herrliches Ding, wenn man nicht verlernt hat, was anfangen heißt.

Martin Buber (1878–1965),
österreichisch-israelischer Religionsphilosoph

Die unterschiedliche Bewertung der Erscheinung von alten Männern und alten Frauen ist Unsinn. Wir müssen uns endlich davon verabschieden. Die amerikanische Schriftstellerin Susan Sontag (1933–2004) hat schon 1972 einen vielbeachteten Essay über dieses Thema geschrieben mit dem Titel „The Double Standard of Aging". Sie beschreibt, dass für Männer zwei Schönheitsideale existieren (der Knabe bzw. junge Mann und der Herr mit den grauen Schläfen). Für Frauen dagegen nur eines, das Mädchen. Alt auszusehen, Falten zu haben, weiße Haare, mindert bei Frauen die Attraktivität stärker als bei Männern. Auch steht für die Herren der Schöpfung bei der Partnersuche die körperliche Attraktivität von Frauen jeden Alters an erster Stelle. Bei Männern spielt das Aussehen eher selten eine große Rolle. Frauen interessiert viel mehr, wie erfolgreich ein Mann ist, ob er Charme hat, gebildet ist und sie im Falle einer Bindung mit seiner Fürsorge rechnen kann.

Noch vor 20 Jahren sprach man von Frauen im Alter zwischen 40 und 50 Jahren von „Frauen im gewissen Alter". Männer waren da gerade im „besten Alter". Bis heute empfinden die meisten Damen die Frage nach dem Alter als extrem ungehörig, ehrliche Antworten sind selten. Allerdings gerät das Klischee der alten Frau, die sich um die Enkel kümmert, den Haushalt im Griff hat und von ihrem Ehemann „Mutti" gerufen wird, gerade ins Wanken. Es vollzieht sich unbemerkt eine kleine Revolution. Auf den internationalen Modeschauen laufen zwar immer noch die spargeldünnen Teenager, die meist nicht älter als achtzehn sind. In den Modezeitschriften und der Werbung hingegen sieht man immer öfter 60-, 70- oder 80-Jährige in raffinierten Roben oder mit gepflegten, aber nicht faltenfreien Gesichtern.

Obwohl sich inzwischen solche – winzigen – historischen Veränderungen abzeichnen und obwohl es schon immer ältere Frauen mit jüngeren Liebhabern gab, ist für älter werdende Frauen ein gesundes Selbstbewusstsein (das nicht allein auf körperlicher Attraktivität beruht) dennoch besonders wichtig.

Susan Sontag

Das Alter ist weiblich

Was es mit diesem Satz auf sich hat? Ganz einfach: Laut dem Statistischen Bundesamt werden Männer in Deutschland durchschnittlich 77,72 Jahre alt. Frauen können jedoch mit mindestens 82,80 Lebensjahren rechnen. Frauen sind unter älteren Menschen in der Mehrzahl. Allerdings werden sich laut einer Allensbach-Studie in den nächsten Jahren diese Zahlen nochmals ändern. Dann, so heißt es, könnten Frauen im Durchschnitt noch 20 Jahre länger leben, während Männern nicht einmal die Hälfte dieser Zeit zugesprochen wird.

Trotz ihrer geringeren Lebenserwartung altern Männern nicht schneller als Frauen, sondern langsamer. So setzt bei ihnen die Altersweitsichtigkeit später ein und auch ihre Reaktionszeit bleibt durchschnittlich länger gut als die von Frauen. Das hat der amerikanische Wissenschaftler Brent Graves bei einer Auswertung der Fachliteratur zum Thema Altern entdeckt. Die unterschiedliche Lebenserwartung der Geschlechter spiegelt demnach nicht das biologische Alterungsmuster wider, sondern wird von anderen Faktoren wie beispielsweise der Risikobereitschaft bestimmt. Männer sind eher bereit, Probleme aggressiv zu lösen. Dass diese auch tödlich enden können, bei einem Streit oder im Krieg, bedenken sie vorher selten. Zu viele Zigaretten und Alkohol verlängern ein Leben ebenfalls nicht. Negativ wirkt sich bei Männern auch der erhöhte Testosteronspiegel aus, der unter anderem das Immunsystem schwächt und den Organismus damit anfälliger für Infektionen macht.

Frauen verhalten sich wesentlich klüger. Sie haben ein sehr ausgeprägtes Krankheitsvermeidungsverhalten. Frauen meiden – nicht zuletzt aufgrund ihrer Erziehung – harte Drogen, starkes Trinken und Rauchen.

Die meisten 65- bis 85-Jährigen fühlen sich jünger als ihr biologisches Alter. Gemäß dem Spruch: „Man ist so alt, wie man sich fühlt", empfinden Frauen sich etwa zehn Jahre jünger. Auch Männer zwischen 70 und 74 Jahren, denen es gesundheitlich gut geht, meinen, dass sie es noch mit 59-jährigen Geschlechtsgenossen aufnehmen könnten. Im Gegensatz zu vielen Frauen fühlen sich Männer jenseits der 70 nicht alt. Wobei diese Einschätzung sowohl bei Frauen als auch bei Männern sehr von ihrem Bildungsstand und ihrer wirtschaftlichen Situation abhängt.

So sagt *Elvira K.* (69), die früher als Steuerfachkraft gearbeitet hat, sie sehe in ihrem jetzigen Leben überhaupt keinen Unterschied zu früher. Sie hätte mehr Zeit für sich und würde nach wie vor ihre Hobbys pflegen. Elvira engagiert sich außerdem in einem Bürgerbüro, seit sie in Rente ist. Und das, so sagt sie, „füllt mich aus." Auch die Kunsthändlerin *Marga* arbeitet mit ihren 73 Jahren noch in ihrem Laden. „Ein paar Zipperlein sind zwar schon dazugekommen", meint sie, „aber ich bin nicht wehleidig." Als vor fünf Jahren ihr Mann starb, hat sie darunter sehr gelitten. Es war ein harter Schlag für sie. Ihre Freunde und die Kinder hätten sie jedoch gut aufgefangen. „Heute", sagt sie, „habe ich den Eindruck von größerer Freiheit und Gelassenheit. Das macht mich sehr zufrieden."

Auch *Monika* arbeitet noch. Sie ist 74 und Hausmeisterin. „Ich spüre das Alter schon sehr. Manchmal möchte ich die Hausmeisterei vom Hals haben. Aber ich brauche das Geld. Meine Rente reicht zu gar nichts. Wenn ich große Beschwerden in den Beinen habe, kommt meine 17-jährige Enkelin und putzt die Treppen und Flure."

Endstation Couch?

Das Ergebnis der aktuellen Altersstudie (Allensbach) stützt sich auf die Befragung von 4197 Personen im Alter von 65 bis 85 Jahren. Sie ist repräsentativ für 15,24 Millionen Menschen in Deutschland. Die Studie unterscheidet zwischen Männern und Frauen verschiedener Altersgruppen und Bildungsniveaus. Die folgenden Tabellen zeigen, wie ältere Menschen nach ihrem Berufsleben ihre Tage verbringen. Nicht nur Frauen und Männer unterscheiden sich in ihren Interessen (Tabelle 1), auch der Bildungsstand hat großen Einfluss (Tabelle 2).

Aktivitäten	Ältere Frauen	Ältere Männer
Fernsehen	77% der 70-jährigen Frauen sehen häufig Serien und Spielfilme.	73% der gleichaltrigen Männer sehen gern fern.
Zeitungen / Zeitschriften	65% der Frauen lesen regelmäßig eine Tageszeitung bzw. Zeitschrift.	70% der Männer informieren sich täglich über eine Zeitung.
Freunde treffen	38% der 65- bis 69-jährigen Frauen treffen häufig ihre Freunde.	Nur 33% der 70- bis 74-jährigen Männer pflegen Freundschaften. 33% der 65- bis 69-jährigen Männer sitzen mit ihren Freunden in ihrem Lieblingslokal oder gehen gemeinsam zum Sport. Das ändert sich nicht im höheren Alter.
Bücher	34% der 65- bis 69-jährigen Frauen lesen regelmäßig und gern Bücher. 31% der 70- bis 74-jährigen Frauen ebenso.	24% der Männer, gleich welchen Alters, können sich für Bücher begeistern.
Sport	19% der Frauen treiben regelmäßig Sport. Bei den 70- bis 74-Jährigen ist das Interesse eher mäßig. Es sind nur noch 12%.	24% der Männer zwischen 65 bis 69 Jahren sind sportbegeistert. 23% auch noch im höheren Alter.
Kulturelle Veranstaltungen	10% der 65- bis 69-jährigen Frauen interessieren sich für Kultur. 9% der 70- bis 74-Jährigen gehen gern ins Konzert oder Theater.	Bei den Männern stoßen Konzerte, Theater oder Ausstellungen auf keine große Gegenliebe. 8% der 65- bis 69-jährigen Männer können sich dafür erwärmen. Allerdings sind es bei den 70- bis 74-Jährigen immerhin 10%.

Sich um Enkelkinder kümmern	27 % der Großmütter verbringen viel Zeit mit den Enkeln.	Bei den Großvätern sind es 24 %, die sich ihren Enkeln widmen.
Aktiv in einem Verein oder einer Bürgerinitiative mitarbeiten	24 % der 65- bis 69-jährigen Frauen engagieren sich, 18 % der 70- bis 74-jährigen sind auch noch dabei.	Wer glaubt, dass Männer da wesentlich aktiver sind, irrt. 23 % der 65- bis 69-Jährigen engagieren sich. 22 % der 70- bis 74-Jährigen lassen sich zwar hin- und wieder blicken, sind aber nicht aktiv tätig.

Wer schlau ist, hat mehr vom Leben

Bildung und der soziale Stand beeinflussen die Gestaltung der „vierten Lebensphase" enorm. So sind ältere Frauen und Männer mit weniger Bildung nahezu gar nicht an Kultur und Politik interessiert. Sie verlassen ihren bequemen Sessel meistens nur dann, wenn sie sich in einer größeren Menge unter Gleichgesinnten verstecken können. Ansonsten gilt immer noch das Fernsehen als das liebste Unterhaltungsmedium. Wer eine weiterführende Schule oder die Uni besucht hat, dessen Vorlieben sehen häufig anders aus.

Aktivitäten	Ältere Menschen mit geringerem Bildungsstand	Ältere Menschen mit höherem Bildungsstand (weiterführende Schule oder Universität)
Fernsehen	80 % schauen täglich fern. Bevorzugt: Serien, Spiel-Shows, Nachrichtensendungen, Männer: Sportsendungen	63 % sehen unregelmäßig fern. Bevorzugt: Info-Sendungen, Spielfilme, Dokumentationen. 35 % der Männer: Sportsendungen

Zeitungen / Zeitschriften	58% informieren sich täglich, meist über Boulevardzeitungen. Frauen lesen die Zeitungen, die ihre Männer mitbringen.	70% haben eine Tageszeitung abonniert, 63% lesen Fachmagazine, 60% der Frauen informieren sich über Mode und Kosmetik etc. durch Frauenzeitschriften.
Freunde treffen	29% pflegen Freundschaften aus der Kindheit. Nach dem 65. Lebensjahr kommen selten neue Freunde hinzu.	35% haben feste Zirkel, in denen sie Freunde sehen. Gegenseitige Einladungen zum Essen, gemeinsame Restaurantbesuche.
Bücher	19% sind interessiert, wissen aber meistens nicht, was sie lesen möchten. Frauen kaufen Ratgeber oder Bücher über Prominente, Männer sind kaum an Büchern interessiert	38% sind sehr an Neuerscheinungen interessiert, 35% der Männer lesen Sach- und Fachbücher, 52% der Frauen kaufen gern Sachbücher über Reisen, Kosmetik, Wellness sowie Romane.
Sport	14% haben Spaß an Sport. Joggen, Schwimmen oder Wandern sind die bevorzugten Sportarten.	27% der Frauen geben an, Sport zu treiben. Joggen, Radfahren, aber auch Golf gehören zu ihren Lieblingssportarten. 29% der Männer golfen, wandern oder spielen Fußball.
Kulturelle Veranstaltungen	3% gehen alle paar Jahre mal ins Theater oder in ein Konzert. Selbst Kinobesuche sind bei der älteren Generation seltener. Wobei es die Frauen sind, die hin und wieder einen Vorschlag machen.	Interessanterweise gehen nur 19% regelmäßig ins Kino, 20% interessieren sich fürs Theater, 21% hören gern Konzerte. Die Mehrzahl der an Kultur Interessierten sind Frauen.

Sich um Enkelkinder kümmern	Auf Bitten ihrer Kinder nehmen sich 40 % der Großmütter Zeit für die Enkelkinder. Aber nur 27 % der Männer halten es für selbstverständlich, für ihre Enkel da zu sein.	23 % haben Spaß daran, etwas mit ihren Enkeln zu unternehmen. 21 % sowohl der Frauen als auch der Männer möchten sich von ihren Kindern nicht verplanen lassen. Sie möchten sich spontan entscheiden, wann und ob sie für ihre Enkel da sind.
Aktiv in einem Verein oder einer Bürgerinitiative mitarbeiten	14 % können sich zu einem Engagement aufraffen. Die meisten haben keinerlei Interesse an derartigen Aktivitäten.	26 % engagieren sich nach ihrem Arbeitsleben in Initiativen. Auch hier haben Frauen mehr Lust zu helfen. 32 % von ihnen verlassen ihren bequemen Sessel und machen sich in sozialen Bereichen nützlich.

Wer nicht mehr an der Welt interessiert ist, wird schneller alt!

Frauen sind in aller Regel wissbegieriger als Männer. Sie gehen mehr auf andere Menschen zu und haben Spaß, sich zu engagieren.

Corinna L (68), ehemalige Verkäuferin
„Ich würde gern öfter in ein Konzert oder ins Theater gehen! Ich kann es mir nicht leisten. Konzert- oder Theaterkarten kosten meistens um die 25 Euro. Bei meiner Rente von 762 Euro ist das nicht drin. Selbst Kino ist ziemlich teuer geworden. Also sehe ich fern."

Was Corinna anscheinend nicht weiß: Es gibt in den meisten Städten viele günstige oder kostenlose kulturelle Angebote. Generalproben in den Theatern und auf Festivals. Und wer gern liest: Bibliotheken verleihen für wenig Geld die neuesten Bücher.

Selma H. (67), ehemalige Altenpflegerin

Seit zwei Jahren ist Selma im Ruhestand. Ihr Mann ist vor fünf Jahren bei einem Autounfall ums Leben gekommen. Ihre Tochter lebt in Hamburg. Der Sohn ist mit den beiden Enkeln nach Neuseeland ausgewandert. Ihrer Meinung nach war dieses Ans-Ende-der-Welt-gehen eine überstürzte Handlung.

„Rainer hat nach seiner Scheidung keinen Fuß mehr auf den Boden bekommen. Er wollte nur noch weg. Meine beiden Enkel, die nie ein besonders gutes Verhältnis zu ihrer Mutter hatten, mochten nicht bei ihr bleiben. Meine ehemalige Schwiegertochter ließ die Kinder ziehen. Das habe ich überhaupt nicht verstehen können. Ich war plötzlich ganz allein. Anfangs hatte ich ja noch den Job in einem Altenheim. Das hat mich abgelenkt!"

Selma wusste nach der Rente nichts mit ihrer freien Zeit anzufangen. Die meisten ihrer Freunde arbeiteten noch oder fühlten sich in ihren Familien gut aufgehoben.

„Ich rutschte in eine Depression. Das war schrecklich. Ich sah nur noch graue Wände um mich herum. Ein Freund erschrak, als er mich auf einem Geburtstagsessen traf. Ich war abgemagert und aus der fröhlichen Frau, die er seit 35 Jahren kannte, war eine graue Maus geworden. Ihm verdanke ich, dass ich eine Therapie bei einer wunderbaren Psychiaterin gemacht habe. Ich glaube, sie hat sogar mein Leben gerettet! Um ehrlich zu sein, vor diesen Sitzungen hatte ich mit dem Gedanken gespielt, von irgendeiner Brücke zu springen."

Selma erinnerte sich, dass sie in ihrer Jugend gern Tennis gespielt hatte und mit ihrem Mann in die Berge gefahren ist. „Ich habe wieder Tennisstunden genommen und mich mit den neuen Leuten, die ich kennengelernt habe, zu Wanderungen verabredet!" Inzwischen arbeitet sie wieder in einem Altenheim. Nicht mehr in Vollzeit, nur noch dreimal die Woche. „Das hilft mir enorm. Durch den Sport bleibe ich fit. Der Job im Altenheim bessert nicht nur meine Kasse auf. Ich werde wieder gebraucht. Viele alte Menschen vegetieren nur vor sich hin. Ihnen kann ich mit meinen Erfahrungen noch so viel geben und ich bekomme auch sehr viel zurück!"

Clara W. (68), ehemalige Chefsekretärin

„Ich verstehe nicht, wie man nicht mehr am Weltgeschehen teilnehmen mag. Für mich ist es ein Muss, mich zu informieren. Ich lese eine Tageszeitung und schalte zu den Hauptnachrichten das Radio oder den Fernseher ein. Meine Kinder schenken mir statt Pralinen immer Bücher. Auf diese Art kann ich mich an allen Gesprächen über Kultur, Politik und andere Neuigkeiten über das Zeitgeschehen beteiligen. Aber, um ehrlich zu sein, nachdem ich in den Ruhestand gegangen bin, war ich oft allein. Die jüngeren Kollegen haben mich nicht mehr angerufen. Gerade dass mal zu Weihnachten oder zu einem Geburtstag eine Karte kam. Meine Kinder haben mich zwar immer wieder aufgemuntert – doch Tatsache war: Ich war nur noch das berühmte fünfte Rad am Wagen.

Mein Sohn Joachim hat mir dann mal, wie er sagte, ‚so richtig den Marsch geblasen.‘ – ‚Du bist‘, sagte er, ‚eine nörglerische Alte geworden, die mit der Welt nicht mehr zurechtkommt. Such dir etwas, was dir Spaß macht oder gründe einen Verein!‘

Ich war damals sehr erschrocken. Aber er hatte Recht. Allein die Überlegung, was ich tun könnte, hat mich aus meiner Lethargie geholt. Ich habe ein Leben lang gern gekocht. Meistens war ich durch meinen Chef, der mich auch in der sogenannten Freizeit beanspruchte, nicht in der Lage, größere ‚Gelage‘ zu veranstalten. Um es kurz zu machen: Ich habe eine Kochschule in unserem Viertel eingerichtet.

Ich bin von vielen Menschen unterstützt worden. Inzwischen sind drei weitere begeisterte und gute Köchinnen mit dabei. Wir sind ein ‚Non-profit-Unternehmen'. Junge Leute, Frauen und Männer, kommen einmal in der Woche zu uns. Wir kochen zusammen, essen zusammen und haben viel Spaß. Am meisten freut mich, dass inzwischen auch fünf Flüchtlingsfrauen mit ihren Rezepten mitmachen. Ich habe mich in dem, was ich tu, selten so wohl gefühlt!"

Ella F. (75), ehemalige Oberstudienrätin
„Unsere Gesellschaft fällt immer mehr auseinander. Die Jungen werden immer konservativer und die Alten – zumindest die aus meinem sozialen Umfeld – immer wagemutiger und offener für Veränderungen. Schlimm finde ich, dass die älteren Männer es den Frauen überlassen, sich um Flüchtlinge und Arme zu kümmern. Ich leite eine Gruppe, die Flüchtlingen unsere Sprache und Kultur näherbringt. Das ist für mich eine sehr erfüllende Aufgabe. Neulich hat mich eine geflüchtete junge Irakerin aufgesucht. Ihre Mutter ist nach einer Odyssee in München angekommen. Sie fühlt sich total verloren. Kann weder eine fremde Sprache, noch lesen und schreiben.

‚Was können wir tun, damit sich auch meine Mutter hier zu Hause fühlt?', flehte mich das junge Mädchen an. Zusammen mit einigen alten Kollegen haben wir einen Plan aufgestellt, wie wir der alten Dame helfen könnten. Wie in einem Kindergarten haben wir mit Bildern und Videos angefangen. Es hat funktioniert! Wir werden dieses Projekt weiterführen."

Der Satz: „Frauen kommen von der Venus und Männer vom Mars" ist ja nun nicht mehr ganz neu, bei der Betrachtung von Lieben und Vorlieben scheint er noch immer zu stimmen! Und immer mehr ältere Frauen wagen sich auf neues Terrain und pfeifen auf Klischees.

Gesund *sterben* oder krank *leben?*

Es kommt darauf an, den Körper mit der Seele und die Seele durch den Körper zu heilen.

Oscar Wilde (1854–1900),
irischer Schriftsteller

Zugegeben, der Titel klingt ziemlich schräg. Aber wir selbst sind es, die bestimmen, wie wir mit Krankheiten umgehen. Ob wir unserem Körper die Aufmerksamkeit zukommen lassen, die er verdient. Ob wir etwas aus Überzeugung tun oder aus Bequemlichkeit unterlassen. Das Gegenteil eines Hypochonders, der bei den leisesten Wehwehchen zu jammern beginnt und sich das Schlimmste ausmalt, ist ein Mensch, der seinen Körper aufmerksam beobachtet und daraus Schlüsse zieht. Die innere Einstellung, so hat die amerikanische Psychologin Ellen Langer festgestellt, hat einen weitaus größeren Einfluss auf unsere Gesundheit als die physiologischen Faktoren. Das heißt auch, wir vertrauen oft zu schnell den Diagnosen von Ärzten, die uns in unserer Gesamtheit nicht kennen.

Allgemein gilt: Wir müssen achtsamer sein. Mit uns und mit unserer Umwelt. Hinterfragen, woher unser Wissen, nach dem wir uns richten, eigentlich kommt. Nur nach den augenblicklichen Richtlinien „richtig" zu essen, zu trainieren und ärztliche Empfehlungen ungeprüft zu übernehmen, muss nicht unbedingt gesund sein. Genausowenig wie irgendeine New-Age-Medizin als Heilsbringer anzusehen.

Das Leben soll Spaß machen. Wir müssen uns Dinge, die ein Großteil unserer Lust am Leben ausmachen, nicht gänzlich versagen!

Vorausgesetzt, die Blutdruckwerte, der Cholesterinspiegel, die Herzfrequenz und andere kleine Zipperlein sind in einem akzeptablen Bereich, dann sind der Verzicht und die Einschränkungen nicht wirklich so groß! Ärzte und Altersforscher wiederholen gebetsmühlenartig, dass „gesunde" Ernährung und Fitness die Säulen für ein langes Leben sind. Was aber ist nun die geforderte gesunde Ernährung? Sich nur von fünf Portionen Obst und Gemüse am Tag zu ernähren, kann nicht die Lösung sein. Egal was Veganer auch behaupten mögen.

Jede Menge Falschinformationen wabern durch Gesundheitsmagazine und Zeitschriften. Vor Jahren hieß es: Zwei Eier am Tag seien schädlich. Rotes Fleisch würde Krebs erzeugen. Also aßen alle Gesundheitsjünger weißes Fleisch. Danach kam der Fisch dran. Fleisch, so hören wir heute, ist per se ungesund. Aber auch den Fisch müssen wir misstrauisch betrachten. Stichwort: Verschmutzung der Meere.

Entscheidend für die Gesundheit sind Vitamine, Mineralstoffe, Spurenelemente, Ballaststoffe und Proteine. Die Welt-Gesundheits-Organisation (WHO) empfiehlt Vitamin B2, B6 und B12, damit der Körper Energie produzieren kann und große Müdigkeit und Erschöpfungsgefühle nicht auftreten. Proteine sind nötig zum Erhalt und für die Zunahme an Muskelmasse. Im Alter benötigt der Körper mehr Eiweiß in der Nahrung als in jungen Jahren. Im Laufe der Zeit kommt es zu abnehmenden Muskelfunktionen und dem Gefühl von Schwäche und schneller Erschöpfung. Den Mangel an Proteinen bemerkt man, wenn das Radfahren, Tennisspielen oder andere Aktivitäten mühsamer werden. Proteine sind in eiweißreichen Nahrungsmitteln mit tierischem Ursprung. In Eiern, Geflügel, Fisch, Fleisch und Milchprodukten. Proteine in Nahrungsmittel mit pflanzlichem Ursprung findet man in Soja, Nüssen, Champignons, Hülsenfrüchten und Getreide.

Wichtige Nährstoffe für gesunde und stabile Knochen sind Vitamin D und Kalzium. Der Vitamin-D-Spiegel ist gerade bei älteren Menschen oft zu niedrig, was die Aufnahme von

Kalzium beeinträchtigen kann. Vitamin C trägt zur Kollagen-bildung für eine normale Knorpelfunktion bei. Knorpelgewe-be ist ein entscheidender Bestandteil der Gelenke. Zusammen spielen Muskeln, Knochen und Knorpelgewebe bei alltägli-chen Aktivitäten eine maßgebliche Rolle.

Die meisten Menschen trinken zu wenig. Wasser ist an na-hezu jedem Stoffwechselprozess beteiligt. Es trägt zum Erhalt der physischen und kognitiven Leistungsfähigkeit bei, wenn mindestens 2 Liter Wasser pro Tag konsumiert werden.

Die Weltgesundheitsorganisation empfiehlt, jeden Tag min-destens 25 g Ballaststoffe zu sich zu nehmen. In der Regel liegt die tägliche Ballaststoffzufuhr jedoch unter diesem Zielwert.

Generell verringert sich im Alter der Grundumsatz. Das heißt, der Körper benötigt weniger Energie für die Leistung der Organe. Außerdem fällt der Energiebedarf geringer aus, weil Menschen sich im Alter (zumindest in der Regel) weniger bewegen als in jüngeren Jahren. Trotz eines verringerten Ener-giebedarfs bleibt der Nährstoffbedarf im Alter gleich. Eiweiß, Kohlenhydrate, Vitamine und Mineralstoffe müssen weiter-hin in einer konstanten Menge zugeführt werden. Dasselbe gilt für Ballaststoffe. Der Bedarf an Eiweiß kann in Folge von Erkrankungen oder Medikamenteneinnahme sogar steigen. Lediglich der Fettbedarf sinkt parallel zum Energiebedarf.

Um den verringerten Energiebedarf mit dem gleichbleiben-den Nährstoffbedarf in Einklang zu bringen, sind im Alter Lebensmittel empfehlenswert, die einen niedrigen Energiege-halt und gleichzeitig eine hohe Nährstoffdichte haben.

Auf diese Nährstoffe muss man im Alter achten:

Zusammen mit Kalzium und Vitamin K spielt Vitamin D eine entscheidende Rolle beim Knochenaufbau. Die Fähigkeit des Körpers, Vitamin D mithilfe von Sonnenlicht herzustellen, nimmt mit zunehmendem Alter ab. Wenn sich dann zusätzlich noch die Aufenthaltszeit in der Sonne verringert, muss ein größerer Teil dieses Vitamins über die Nahrung aufgenommen werden. Leber, Eigelb oder fette Fische enthalten Vitamin D.

Ein Folsäuremangel ist bei zunehmendem Alter besonders ungünstig, weil damit das Risiko einer Arteriosklerose, also einer Verengung der Arterien steigt. Folsäure steckt vor allem in grünem Gemüse und Vollkornprodukten.

Vom Mineralstoff Jod nehmen wir häufig zu wenig zu uns. Deshalb sollten Sie einmal pro Woche Seefisch essen und ansonsten mit Jod angereichertes Salz verwenden. Ob Milchprodukte tatsächlich ein so guter Lieferant von Kalzium sind wie immer gedacht, ist inzwischen umstritten. Kalzium unterstützt den Knochenaufbau und hilft so, Osteoporose vorzubeugen.

Gefährliche Vitaminpillen – zwischen gut und giftig

Jede/r Dritte nimmt Pulver oder Pillen zu sich, die als „Nahrungsergänzungsmittel" angepriesen werden. Dass Vitamine und Spurenelemente auch Nebenwirkungen haben können, scheint kaum jemanden zu interessieren. Der Bundesverband Verbraucherzentrale hat vor einer allzu sorglosen Einnahme gewarnt. Die meisten Menschen sind ausreichend mit Nährstoffen versorgt. Wer gesund ist, braucht diese Zusatzmittel nicht. Im Gegenteil, sie können schaden.

Wissenschaftler warnen schon seit Jahren vor den Folgen unnötig eingenommener Supplements. Studien zu Vitamintabletten haben die Idee widerlegt, zusätzliche Vitamine würden vor Krebs schützen. Das Risikoprofil von Vitamin A etwa klingt wie die Warnung vor einem Gift: Zusätzlich zu einer ausgewogenen Ernährung eingenommen, kann Vitamin A die Leber schädigen und die Knochendichte herabsetzen. Inzwischen fordern Verbraucherschützer, dass für Nahrungsergänzungsmittel eine Zulassungspflicht mit Sicherheitsüberprüfung eingeführt wird. Leider glauben all die eifrigen Pillenschlucker, dass die Mittelchen, die sie in der Apotheke oder im Drogeriemarkt kaufen, wie Medikamente geprüft werden. Oft sind die Supplements, die auch Ärzte gern abgeben, reine Geldschneiderei.

Last, but not least: Alkohol und Zigaretten können zu Killern werden. Zwei Gläser Wein am Tag sind jedoch kein Anzeichen für einen Alkoholiker. Ist aber die tägliche Flasche Wein unverzichtbar, sollten Sie über Ihre Trinkgewohnheiten nachdenken. Wie für fast alles gilt: In geringen Mengen genossen ist Alkohol nicht schädlich, das tägliche Glas Rotwein soll sogar gesundheitsfördernd sein.

Die Bilder auf Zigarettenschachteln sind grausam. Allerdings enthalten sie mehr als ein Körnchen Wahrheit: Rauchen kann tödlich sein.

Sie selbst müssen wissen, was Sie sich und Ihrem Körper antun wollen. Ob Sie verzichten oder lieber Roulette spielen. Das Risiko eines zu frühen Todes können Sie, sollten Sie zu den Spielernaturen gehören, nicht ausschließen! Und der Zeitraum, in dem wir immobil und auf Hilfe angewiesen sind, lässt sich durch gesundheitsbewusstes Verhalten sehr wohl verkürzen.

Nur gilt leider auch: Das Risiko des Todes können wir alle nicht ausschließen. Auch dann nicht, wenn wir uns nur gesund ernähren, keine Genussmittel konsumieren und bis ins hohe Alter den Körper trainieren und fit halten.

Mein ganz persönlicher Gesundheitstipp: Möglichst das tun, was glücklich macht!

Autoritäre
Kinder

Der Verlust der Selbstbestimmung

Sie mag fühlen, dass kein Natterzahn so scharf und giftig sei als Kindesundank.

William Shakespeare (1564–1616),
englischer Dichter und Dramatiker

Als ich begann, für dieses Buch zu recherchieren, erzählten mir viele Gesprächspartner von ihren Kindern. Es waren nicht die freundlichen Erinnerungen an süße Babys oder aufmüpfige Halbwüchsige. Es waren Klagen, wie sehr die Söhne und Töchter versuchen, in das tägliche Leben ihrer Eltern einzugreifen. Nach der dritten oder vierten sehr ähnlichen Story fragte ich mich, ob dies Ausnahmen wären oder Regelfälle?

Meine Tochter, dessen war ich mir ganz sicher, würde es niemals wagen, mich derart zu bevormunden! Wie man sich doch täuschen kann. Als ich nach einer Operation lange im Krankenhaus lag und weder laufen noch arbeiten konnte, erklärte sie mir, wie meine Zukunft aussehen würde. Wenn ich nicht bald wieder Geld verdiente, müsse ich als erstes aus der Wohnung ausziehen. Eine kleinere, billigere würde ich schon finden. Sie übernahm das Kommando, als wäre ich eine demente Greisin, die über ihr Schicksal nicht mehr selbst bestimmen könnte.

Ich wehrte ihre autoritären Versuche, meine Zukunft zu organisieren, erfolgreich ab. Mit 75 Jahren ist man – hoffentlich – noch Herrin der Lage. Die Kraft, sich gegen kindliche Übergriffe zu wehren, ist noch da. Und die Freude an einem selbstbestimmten Leben ebenfalls.

Ein besonders krasser Einzelfall, das wusste ich jetzt, war meine Geschichte nicht. *Anne* erlebte einen viel schlimmeren Albtraum. Ich kenne Anne seit 20 Jahren. Sie führt eine kleine Boutique in der Nähe des Doms in Köln. Sie ist sehr erfolgreich. Vintage-Mode hat viele Liebhaber. Bei Anne findet man die schrägste Mode und Accessoires, die man in anderen Geschäften vergeblich sucht: Seidenschals aus den 30er-Jahren, Jeansmode aus den 70ern, perlenbestickte Oberteile aus einem Kostümfundus. Mitten unter all den Schätzen: Anne.

Sie ist 76, hat brandrote, halblange Haare, eine schöne, sehr helle Haut, von Fältchen durchzogen. Feinen Fältchen, keine tiefen Gräben. Sie hält sich kerzengerade in ihrem schwarzen Lederkostüm aus den 80er-Jahren. In einem stahlblauen Samtfrack habe ich sie vor über zwei Jahrzehnten kennengelernt. Sie sah einfach hinreißend aus. Immer wenn ich in Köln war, besuchte ich Anne. Daraus entwickelte sich eine Freundschaft. Wir telefonierten viel. Erzählten einander unsere Siege, aber auch unsere Niederlagen.

Ihre Ehe war längst geschieden. Die beiden Kinder, Rebecca und David, hat sie im Alleingang durch die Pubertät, durch Fehlentscheidungen der Berufswahl und durch deren Liebesabenteuer gebracht. Als Anne Brustkrebs bekam, jammerte sie nicht herum, sondern tröstete ihre Freunde und die Kinder mit dem Satz: „Wäre doch gelacht, wenn ich das nicht schaffe." Sie schaffte es. Stand wieder in ihrem Laden und trieb die ungewöhnlichsten Stücke auf. Dann kam der Krebs zurück. Anne stellte eine junge Person zur Vertretung ein. Auch diesmal war sie überzeugt, den bösartigen Feind zu besiegen. Es gelang ihr, aber es dauerte fast ein Jahr, bis sie wieder einigermaßen hergestellt war. „Ruh dich aus!", sagten ihre Kinder. „Du musst dich schonen!"

In ihre Boutique ging sie selten. Es tat ihr weh zu sehen, wie langweilig die Auswahl der Klamotten und der Accessoires war. Wenn ich fit bin, übernehme ich wieder, dachte sie. Doch dann dies: Durch eine Indiskretion erfuhr sie, dass ihr Sohn den Laden zum Verkauf angeboten hatte. Sie stellte ihn zur

Rede. David, inzwischen ein IT-Manager, redete um den Brei herum. Er wollte doch nur wissen, wie viel so eine Boutique wert ist, stotterte er. Und, schließlich könne sie ja nicht immer arbeiten. Sie müsse ihr Leben jetzt umstellen. Ihre teuere Etagenwohnung mit Blick auf den Rhein könne er nicht bezahlen.

Anne rief mich an. Sie war enttäuscht, traurig und fassungslos. Ich fragte sie: „Bist du denn in der Lage, deinen Laden weiterzuführen? Hast du die Kraft noch?" – „Der Laden ist mein Leben", sagte Anne. „Ohne ihn fehlt mir alles! Ich werde die Verkaufsverhandlungen stoppen!"

Anne schrieb ihren Kindern einen Brief.

„Ich bin weder geschäftsunfähig, noch habe ich euch bevollmächtigt, über mein Leben und wie ich es führe zu bestimmen! Ich verbitte mir jegliche Einmischung in meine Angelegenheiten."

Ihre Kinder begriffen nichts. Weder entschuldigten sie sich, noch bemühten sie sich um ein Gespräch mit ihrer tief gekränkten Mutter. Sie hätten es doch nur gut gemeint, verteidigten sie sich im Freundeskreis.

Anne, die sich noch nie in ihrem Leben hatte bevormunden lassen, führt die Boutique weiter. Sie hat eine zusätzliche Kraft eingestellt. Ihre Stammkunden begrüßen sie mit Blumen und den Worten: „Gott sei Dank sind Sie wieder da. Ohne Sie fehlt hier doch das Herz des Ganzen."

Wir wollen doch nur dein Bestes!

Diesen Spruch hörte *Elisabeth* (72) seit ein paar Jahren von ihren Kindern. Anfangs konterte sie mit einem ironischen Lachen: „Ist mir klar. Ihr wollt mein Geld!" Inzwischen ist ihr das Lachen vergangen.

Elisabeth bewirtschaftet mit ihrem Ältesten einen großen Hof mit Milchkühen und einer Käserei an der österreichischen

Grenze. Den Hof hat sie von ihren Großeltern geerbt. Den elterlichen Betrieb in der Nähe von Wasserburg am Inn hat sie schon vor Jahren ihrer Tochter und dem Schwiegersohn übergeben. Beide stellten sich nicht sehr geschickt an. Sie pflanzten Genprodukte, die kein Mensch kaufen mochte. Immer wieder half Elisabeth finanziell. Sie versuchte den starrköpfigen Schwiegersohn von seinen wenig lukrativen Vorstellungen abzubringen.

„Das ist die Zukunft", fertigte er sie ab. „Was weißt du alte Frau schon vom Fortschritt!" Elisabeth schluckte eine Antwort hinunter. Ihren eigenen Betrieb hatte sie schon vor Jahren auf den neuesten technischen Stand gebracht. Damals hatte sie sogar einen Krach mit ihrem Sohn in Kauf genommen, der fand, diese große Modernisierung wäre doch gar nicht nötig. Der Erfolg allerdings gab ihr Recht.

Inzwischen stand der elterliche Hof kurz vor der Pleite. Der Schwiegersohn bat um ein Darlehen oder eine Bürgschaft bei der Bank. Elisabeth wollte seine Bücher einsehen. Das wurde ihr verweigert. „Schließlich sind wir eine Familie", meinte ihre Tochter. „Du bist verpflichtet, uns zu helfen!" Als sie sich weigerte, begann ein Familienkrieg. Die Tochter, die der Mutter manchmal im Haushalt zur Hand ging, lehnte jede Hilfe ab. Schwiegersohn und Sohn behaupteten in der Dorfkneipe, dass die Mutter nun völlig dement wäre. Das erfuhr ihr Bankberater. Elisabeth, die die alleinigen Vollmachten hatte, wurde von ihm aufgesucht. Ob sie nicht in ihrem Zustand ihren Kindern die Vollmacht über ihre Konten übertragen wolle. „Die Kinder sorgen sich doch um Sie!", meinte der Bankmensch. „In Ihrem Alter könnten Sie es sich doch bequemer machen!" Sie komplimentierte ihn aus ihrem Büro. „Vielen Dank für die Mühe. Ich werde mich melden, wenn es soweit ist!", sagte sie.

In den folgenden Monaten kam die Tochter wieder öfter, um zu helfen. Plötzlich fehlten die seltsamsten Dinge. Hausschuhe von Elisabeth verschwanden. Der Föhn wurde im Kühlschrank gefunden. Kamm und Handspiegel im Bücherregal. Elisabeth war verunsichert. Sie wusste, dass sie niemals so vergesslich war. Aber wer versteckte ihre Sachen? Durch Zufall hörte sie ein Gespräch ihrer Tochter mit einer Freundin.

„Die Mama ist schon völlig daneben!", sagte die Tochter. „Sie weiß am Abend nicht mehr, wohin sie am Morgen ihre Sachen gelegt hat. Wahrscheinlich müssen wir sie entmündigen lassen!"

Elisabeth war schockiert. Doch entgegen ihrer sonstigen Spontanität schwieg sie. Sie beobachtete die Tochter und sah, wie diese das „Versteckspiel" inszenierte. Sie rief die Familie zusammen und verkündete ihren Entschluss: Die Tochter und der Schwiegersohn durften das Haus nicht mehr betreten. Ihren Sohn bat sie, sich eine eigene Wohnung zu suchen. Seine Kompetenzen beschnitt sie und stellte einen jungen Mann zur Hilfe ein.

Elisabeth war nicht wirklich glücklich mit dieser Lösung. Dann wurde ihre Tochter schwanger. Eine schwierige Schwangerschaft. Jetzt war Elisabeths Hilfe gefragt. Sie engagierte eine Kraft, die der werdenden Mutter die Arbeiten im Haushalt abnahm. Als der Schwiegersohn kurz vor der Insolvenz stand, griff sie erneut ein. Unter der Voraussetzung, dass er seine Finger von den unverkäuflichen Genpflanzen lassen würde und wieder zum traditionellen Anbau zurückkehre, würde sie ihm ein Darlehen geben. Da sie auf sein Wort nicht vertraute, ließ sie von einem Anwalt einen Vertrag aufsetzen. Dass ihr Schwiegersohn im Wirtshaus über diesen Vertrag und ihr Misstrauen ihm gegenüber lästerte, war ihr gleichgültig. Sie hatte es für ihre Tochter und den zukünftigen Enkel getan.

Man muss auch verzeihen können

Tina habe ich bei Freunden in Rom getroffen. Sie fotografiert Künstler und Persönlichkeiten des öffentlichen Lebens. Als wir uns kennenlernten, hatte sie eine Ausstellung in Rom. Abzüge ihrer Fotos waren gefragt und kosteten eine Menge Geld. Tina in Jeans und Herrenhemden, die grauen Haare zu einem Zopf geflochten, ist eine unkomplizierte, herzliche Frau.

Ihr Mann verunglückte beim Skifahren tödlich. Weil Tina Geld verdienen musste, wuchsen ihre drei Kinder bei den Großeltern auf. Sie wusste, dass es ihnen dort gut ging. Tina besuchte sie, so oft es ihr möglich war. Die Großeltern sind verstorben. Die Kinder erwachsen.

Tina wollte nach 35 sehr erfolgreichen Jahren endlich ohne festen Auftrag durch die Welt reisen. „Es gibt doch noch so viel zu sehen", schwärmte sie mir vor. „China, die Mongolei und Norwegen. Kannst du dir vorstellen, dass ich noch nie in Norwegen war?"

Einen Flug nach Peking hatte sie schon gebucht. First Class, denn sie wollte nicht völlig erschöpft dort ankommen. Ihr Sohn Jan aber stornierte den Flug, ohne sie auch nur um Erlaubnis zu fragen. „Er findet, dass ich zu viel Geld ausgebe. Haarklein hat er mir vorgerechnet, dass ich schon für 25.000 Euro im letzten Jahr durch die Welt gegondelt sei. Aber schließlich ist es mein Geld. Jan hat einen gut bezahlten Job als Architekt. Den beiden Mädchen fehlt es finanziell auch an nichts." Tinas Sohn verlangte eine Bankvollmacht von seiner Mutter. Sie verweigerte sie ihm. Seine Gangart wurde härter.

„Jan wollte mich entmündigen lassen. Ich hatte vor zwei Jahren einen leichten Schlaganfall. Den wollte er als Grund angeben. Meine beiden Mädchen hielten sich raus. ‚Jan tut das doch nur aus Sorge um dich', sagten sie. ‚Und ehrlich, du schmeißt wirklich sehr mit dem Geld um dich!'"

Tina war mehr als enttäuscht von ihren Kindern. Sie vermietete ihre Wohnung in Berlin, packte ihre Kameraausrüstung und ein paar Klamotten in ihre Reisetasche und verschwand, ohne sich zu verabschieden. Sie hatte, als wir uns trafen, den Flug nach Peking neu gebucht. In zwei Wochen wird sie reisen. Wie sie es vorgehabt hat: First Class.

Ob sie sich zuvor noch bei ihren Kindern meldet, frage ich. „Keine Ahnung. Im Augenblick bin ich noch sehr wütend auf sie. Nur um an ein möglichst fettes Erbe zu kommen, versucht mein Sohn, mich auszuschalten. Seine Geldgier ist widerlich."

Tina ist doch nicht nach China geflogen. Bei ihrem Sohn hat man Lungenkrebs festgestellt. Sie ist bei ihm in Berlin geblieben. „Man muss auch verzeihen können", schrieb sie auf eine Karte zu meinem 75. Geburtstag.

Testament

Fallstrick für die Nachwelt

Der Mensch wird schließlich mangelhaft.
Die Locke wird hinweggerafft.

Wilhelm Busch (1832–1908),
deutscher Dichter und Maler

Ein Testament zu machen heißt, sich mit dem eigenen Tod zu beschäftigen. Plötzlich tauchen sie wieder auf, all die ungelösten Probleme und die familiären Streitereien. Wo man diese doch bislang so wunderbar verdrängt hat. Aber, wenn Sie nicht wollen, dass der verhasste Cousin mit dem von Ihnen so geliebten Silberservice davoneilt, nur weil er stets der flinkste Abstauber ist, greifen Sie zur Feder. Wobei das mit der Feder wörtlich zu nehmen ist. Testamente müssen handschriftlich vorliegen. Sollten Sie aus irgendeinem Grund nicht dazu in der Lage sein: Schreiben Sie den Text mit Ihrem Computer und bemühen Sie einen Notar. Dieser bestätigt dann, dass es sich wirklich um Ihren letzten Willen handelt.

Mit dem Verfassen eines Testaments tun sich viele Menschen schwer. An die Endlichkeit unserer Lebenszeit zu denken und unsentimental das Notwendige zu tun, ist nicht leicht. Vor allem dann, wenn man weder gebrechlich ist, noch von anderen Beschwerden geplagt wird. Alles scheint noch so weit entfernt zu sein.

Bei einer guten Freundin wurde, eher durch Zufall, Leukämie im fortgeschrittenen Stadium festgestellt. Im Krankenhaus versetzte man sie in ein künstliches Koma. Wie groß ihre Überlebenschancen sind, mögen die Ärzte nicht sagen. Manuela hat weder ein Testament gemacht noch eine Verfügung oder eine Bankvollmacht hinterlegt. Eine ihrer Töchter und ihr Enkel sind finanziell von ihr abhängig. Sie war jahrelang diejenige, die sich um alles gekümmert hat. An eine so letale Krankheit hat diese lebenslustige, schöne Person nie gedacht. Noch kurz bevor sie in ihrer Wohnung zusammenbrach, hatten wir einen Abend bei mir. Manuela hatte es sich in den Kopf gesetzt, dass wir spätestens in drei Jahren gemeinsam ein Haus im Süden kaufen und darin in aller Fröhlichkeit auf die letzten Jahre anstoßen. An diesem Abend erzählte sie von einer Villa im Languedoc, die finanzierbar wäre. Ostern wollten wir uns das Haus anschauen. Ich bin mir nicht sicher, ob wir diese Reise noch machen werden. Die Zeichen stehen nicht gut. Was man daraus lernen kann? Die Antwort ist sehr einfach: rechtzeitig die Dinge für „den schlimmsten Fall" zu regeln!

Von Hundert sterben hundert!

„Etwa 75 Prozent der Deutschen hinterlassen kein Testament – und lösen so Streit unter den Hinterbliebenen aus", erklärt Rechtsanwalt Thomas Ludwig. „Fehlt ein Testament, regelt das Bürgerliche Gesetzbuch die Teilung des Erbes. Entscheidend ist der Verwandtschaftsgrad. Ehepartner oder eingetragene Lebenspartner und leibliche Kinder erben zuerst. Danach kommen die entfernteren Verwandten. Schwierig wird es bei Patchwork-Familien. Nicht verheiratete oder nicht registrierte Partner und Stiefkinder gehen leer aus."

Um ein gültiges Testament aufzusetzen, müssen Sie diverse Standards einhalten. Professionelle Unterstützung von einem Notar oder Anwalt lohnt sich. Vor allem vermeiden Sie dadurch schon einmal die Formfehler. Besonders, wenn es mehr zu vererben gibt als den Ohrensessel oder die komplette Karl-May Ausgabe. Weder der Notar noch der Anwalt kosten ein Vermögen.

Nehmen wir an, Sie haben 50.000 Euro zu vererben, dann würde Sie ein Anwalt um die 150 Euro kosten. Bei einem Vermögen um 500.000 Euro sind es etwa 1.500 Euro. Ein notarielles Testament hinterlegt der Notar beim Amtsgericht im Zentralen Amtsgerichtsregister.

Natürlich können Sie bedenken, wen immer Sie wollen. Allerdings stehen der Ehepartner und die Kinder immer an erster Stelle. Wenn es schwerwiegende Gründe gibt, diese gesetzliche Verteilung zu ändern, steht sowohl dem Ehepartner als auch den Kindern ein Pflichtteil zu. Dies ist ein schuldrechtlicher Anspruch in Geld, gerechnet aus dem Wert des Nachlasses. Die Pflichtteilsberechtigten haben keinen Anspruch auf Gegenstände aus dem Nachlass. Der Pflichtteil ist die Hälfte des gesetzlichen Erbteils. Es muss also vorab ermittelt werden, wie hoch der gesetzliche Erbteil des Ehegatten und der Kinder ist. Kinder und Ehepartner sind Erben erster Ordnung. Erst, wenn diese nicht mehr leben, können die Erben zweiter Ordnung bedacht werden. Das sind Eltern, Geschwister, Nichten und Neffen.

Sie können auch eine sogenannte Teilungsordnung festlegen. Das heißt, wenn Sie bestimmte Bücher, Gemälde oder Schmuck einem bestimmten Freund hinterlassen möchten, setzen Sie eine Teilungsordnung auf. Die normalen Erbquoten sind davon nicht betroffen. Sollte das Gemälde, das Ihre Freundin Ihnen vererben wollte, mehr wert sein als der Anteil des Begünstigten am gesamten Erbe, haben die anderen Erben einen Anspruch auf einen Ausgleich.

Eine andere Möglichkeit ist das Vermächtnis. Das kann ein Geldbetrag oder ein besonderer Gegenstand sein. Der Vermächtnisnehmer bekommt diese Zuwendung zusätzlich zu seinem Anteil am Erbe.

Um Freunde zu bedenken, die keine Verwandten sind, gibt es die Möglichkeit, Teile Ihres Vermögens zu „vermachen" statt zu vererben. Das kann sowohl ein Geldbetrag, eine Immobilie oder wertvoller Schmuck sein. Der bedachte Freund muss zwar dafür auch Erbschaftsteuer zahlen, aber er/sie ist nicht Teil der Erbengemeinschaft. Mit einer derartigen Lösung kann man eventuellen Streitereien wunderbar aus dem Weg gehen.

Eine in Deutschland beliebte Form des Testaments ist das sogenannte Berliner Testament. Verheiratete Paare können ein gemeinsames Testament aufsetzen. Darin setzen sie sich wechselseitig als Alleinerben ein. Einer der beiden muss das Testament handschriftlich verfassen. Beide müssen unterschreiben. Der Vorteil des Berliner Testaments ist, dass das Vermögen nicht gesplittet wird. Es bleibt bis zum Tod beider Partner als Ganzes vorhanden.

Aber Achtung: Seit dem 17. August 2015 gibt es für Auslandsrentner, Weltenbummler oder Pflegetouristen und deren Angehörige eine neue Regelung. Ab diesem Stichtag gilt für jeden Todesfall außerhalb Deutschlands die neue Erbrechtsverordnung der EU. Sie kann bestehende Testamente hinwegfegen und zu anderen bösen Überraschungen beim Vererben führen. Das Berliner Testament, mit dem sich Eheleute gegenseitig als Alleinerben einsetzen, steht in vielen Fällen auf der Kippe.

Anton Steiner, Präsident des Deutschen Forums für Erbrecht in München, warnt, dass beispielsweise Frankreich, Italien und auch Spanien diesen im deutschen Recht vorgesehenen gemeinsamen Vertrag gar nicht kennen. Statt der individuellen Vorgaben gelten dann die spanischen, französischen oder italienischen Erbrechtsregelungen – und die sichern den überlebenden Ehegatten in der Regel eben nicht wie gewünscht ab. Probleme können auch bei einem deutschen Testament entstehen, das Vor- und Nacherbschaft festlegt. Das Wohnsitzrecht in Spanien beispielsweise würde das Testament aushebeln, weil diese Begriffe dort gar nicht bekannt sind. Sollten Sie schon ein derartiges Testament gemacht haben, aktualisieren Sie es nach den EU-Gesetzen.

Wenn Sie sich mit all diesen Ausnahmeregelungen nicht belasten mögen, besprechen Sie Ihre Vorstellungen mit einem Anwalt oder Notar. Das ist der sicherste Weg, nicht in irgendeine der tückischen Fallen zu geraten.

„Das Testament des Verstorbenen ist der Spiegel des Lebenden."

Im Letzten Willen haben schon viele Menschen bisher verborgene Charaktereigenschaften, Sentimentalitäten oder Feindseligkeiten offenbart. Der berühmte US-Komiker Jack Benny etwa hinterließ eine berührende Anweisung, als er im Jahr 1974 starb. „Jeden Tag, seitdem Jack gegangen ist, hat der Blumenhändler eine langstielige rote Rose zu mir gebracht", erzählt seine Witwe *Mary Livingstone* in einer TV-Show. „Ich erfuhr, dass Jack tatsächlich eine Provision für die Blumen in seinem Testament festgelegt hatte. Eine rote Rose sollte mir jeden Tag für den Rest meines Lebens geliefert werden." Neun Jahre, bis zu ihrem Tod 1983, bekam sie diesen letzten Liebesbeweis ihres Mannes geliefert.

Anne Hathaway, die Frau des Dichtergenies Shakespeare, wurde nach einer leidvollen Ehe noch aus dem Grab heraus von ihrem Gatten beleidigt. In seinem Testament vermachte ihr Shakespeare sein „zweitbestes Bett", während der überwiegende Teil seines Nachlasses an seine Tochter Susanna ging.

Die „mean Queen" wurde sie nicht nur von ihrem Personal genannt. Als die „fiese Königin" war *Leona Helmsley* auch in der New Yorker Gesellschaft bekannt. Die Frau des Immobilien-Tycoons Harry Helmsley herrschte nach dem Tod ihres Mannes als Alleinerbin über das Riesenreich aus Hotels, Immobilien und Landbesitz ihres verstorbenen Gatten wie eine regierende Königin. Als dieser 1997 starb, war ihr direkter Konkurrent Donald Trump. Ihre auf Konkurrenz basierende Feindschaft war sprichwörtlich.

Leona Helmsley soll zwölf Milliarden Euro geerbt haben. Trump konnte zu diesem Zeitpunkt finanziell noch nicht ganz mithalten. In ihrem Testament, so Leona, wolle sie ihr gesamtes Erbe wohltätigen Organisationen vermachen. Als Leona Helmsley im Alter von 87 Jahren 2007 starb, war die Überraschung bei der Testamentseröffnung groß. Von ihrem Vermögen, das zu diesem Zeitpunkt vier Milliarden betrug, sollte ihr Malteser Hündchen namens Trouble zwölf Millionen erben. Helmsleys vier Enkelkinder gingen zur Hälfte leer aus, die anderen beiden erhielten den Anteil von jeweils 5 Millionen nur, wenn sie jährlich das Grab ihres Vaters besuchten. Die beiden anderen Enkel bekamen keinen Cent. In dem Testament stand: „aus Gründen, die ihnen bekannt sind".

Drei weitere Millionen waren für die Pflege des Mausoleums vorgesehen, in dem Helmsley neben ihrem verstorbenen Mann begraben liegt. Dort soll auch Trouble nach seinem Tod bestattet werden. Der Großteil des Erbes ging jedoch an die „Helmsley Stiftung". Das „Helmsley-Typ 1-Diabetes-Programm" ist die größte private Stiftung für Typ 1-Diabetes in den USA. Ein New Yorker Gericht verfügte, dass der Hund lediglich zwei Millionen Dollar für Unterbringung und Pflege zugewiesen bekam. In Deutschland sind Tiere als Erben ausgeschlossen.

Für verbitterte Ehegatten ist ein Testament die letzte Chance, es ihrem Lebenspartner noch einmal heimzuzahlen. Eine gewisse Heimtücke herrschte auch im letzten Willen des deutschen Dichters *Heinrich Heine*: So soll Heinrich Heine sein gesamtes Vermögen seiner Frau vermacht haben – allerdings nur unter der Bedingung, dass sie wieder heirate, damit es „wenigstens einen Mann gibt, der meinen Tod bedauert".

Was auch immer Ihr letzter Wille ist, Sie allein sorgen dafür, ob man Ihrer mit Dankbarkeit und Freundschaft gedenkt oder Sie liebend gern in der Hölle schmoren lassen würde.

Allein
oder doch
gemeinsam ?

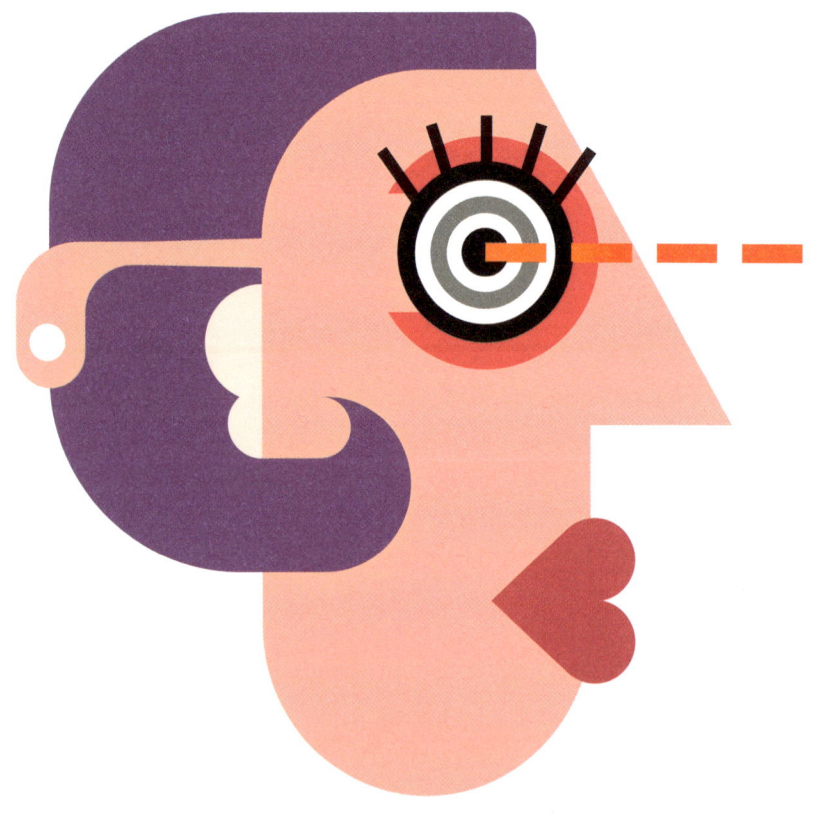

Erfahrung ist fast immer eine Parodie auf die Idee.

Johann Wolfgang von Goethe (1749–1832),
deutscher Dichter

Es war der 50. Geburtstag meiner Freundin Manuela. Wir saßen mit drei weiteren Mädels in einem Restaurant in Berlin-Mitte. Die Champagnergläser waren gefüllt. Wir tranken auf Manuela und auf unsere jahrzehntelange Freundschaft.

Kerstin, die in Miami lebte, war nach Berlin gekommen, um ihre 85-jährige Mutter zu beerdigen. Ihre Mutter war schwer krank gewesen. Kerstin war froh, dass die Verstorbene nicht hatte weiter leiden müssen.

„85 ist schon ein gewaltiges Alter", meinte Manuela. „Ich möchte nicht so alt werden! Wer soll sich denn um mich kümmern! Keinen Mann, keine Kinder, und ihr habt sicher kaum Lust, mich zu pampern!"

Plötzlich waren wir mitten in einer Diskussion, wie es wird, wenn wir alle wirklich alt sind.

Kerstin, die gerade 55 geworden war, wollte zurück nach Deutschland ziehen. Gabi, damals 53, hatte drei Kinder und meinte, dass sich diese um sie kümmern würden. Bei ihnen zu leben, das konnte Kerstin sich allerdings nicht vorstellen. Christa, 61, die nie geheiratet hatte, sah sich in einem komfortablen Altenheim, für das sie schon eine Menge Geld zur Seite gelegt hatte.

Manuela und ich hatten gemeinsame Pläne. Bei einem Urlaub in Südfrankreich hatten wir vor einiger Zeit beschlossen, unsere letzten Jahre in einem Haus im Süden zu verbringen. Ich entsinne mich noch genau, wie wir voller Enthusiasmus sagten: „Dann sitzen wir auf der Terrasse unseres Hauses und schauen aufs Meer. Der Champagner im Sektkübel wird uns nicht ausgehen!"

Das ist jetzt 15 Jahre her. Manuela ist bei einem Autounfall in Italien ums Leben gekommen. Kerstin ist nach Berlin zurückgezogen, aber schwer an Krebs erkrankt. Gabi wohnt inzwischen bei einer ihrer Töchter und hütet deren Kinder. Lediglich für Christa hat sich ihr Wunsch nach einer angemessenen Alten-Residenz erfüllt.

Ich arbeite nach wie vor. Mir geht es gesundheitlich gut. Den Traum vom Haus im Süden für die letzten Jahre habe ich noch nicht ganz aufgegeben. Wobei ich mit einer alten Freundin, die im Moment noch in Washington lebt, eine Alters-WG angedacht habe. Was nun im Endeffekt daraus wird, ist völlig offen. So lange, wie ich mein jetziges Leben ohne Einschränkungen weiterführen kann, werde ich es tun. So wie die meisten Älteren, die für ihre letzten Jahre möglichst wenig ändern möchten.

Das Demoskopische Institut Allensbach befragte 4000 Männer und Frauen über 65 Jahre, ob sie lieber in ihren eigenen vier Wänden bleiben oder in einem Altenheim leben würden. Zwei Drittel der Befragten plädierten für ihre Wohnung. Das Umfeld wäre ihnen seit vielen Jahren vertraut. Freunde wohnten in der Nähe. Der Hund könne im nahen Park ausgeführt werden. Sie wären auch noch fit genug und könnten sich selbst versorgen. Ihr selbstbestimmtes Leben wollten sie auf gar keinen Fall aufgeben.

Später würden sie vielleicht darüber nachdenken, in eine Alters-Residenz, falls das Geld dazu reicht, oder in ein Heim umzuziehen. Noch ist ihnen die Wohnung, in der auch die Kinder gelebt hatten, nicht zu groß. Noch schaffen sie die Stockwerke ohne Lift. Auch die Einkaufsmöglichkeiten sind noch zu Fuß bequem zu erreichen.

Was aber passiert, wenn alles beschwerlicher wird? Die meisten Menschen schieben das erst mal beiseite. Es ist ihnen unangenehm. Diese Entscheidung hat etwas Endgültiges. Außerdem: Noch ist es ja nicht so weit. Doch es ist klug, beizeiten darüber nachzudenken. Zu den Kindern zu ziehen ist meistens keine Option. Entweder fehlt dort der Platz oder die Chemie zwischen den Generationen ist nicht die beste.

Die demografische Entwicklung in Deutschland ist ein Grund, weshalb Senioren-WGs immer beliebter werden: Die Deutschen leben länger – und der Anteil der Senioren jenseits der 65 Jahre an der Gesamtbevölkerung steigt. Prognosen zufolge wird ihr Anteil von gegenwärtig 21 Prozent bis zum Jahr 2030 auf rund 30 Prozent zunehmen.

Laut einer aktuellen Umfrage des Portals Immobilien-Scout24 ist fast jeder zweite Deutsche (48 Prozent) offen für diese Wohnform. Die Vorteile von Senioren-WGs liegen auf der Hand: Die Mitbewohner können sich umeinander kümmern, wenn einer von ihnen gebrechlich oder pflegebedürftig wird, sie können die Lasten des Alltags gemeinsam meistern und gleichzeitig nach dem eigenen Tagesrhythmus leben.

In den Städten gibt es jenseits betreuter Heime und sündhaft teurer Residenzen inzwischen viele Möglichkeiten. Mehrgenerationenhäuser, von Wohnungsgenossenschaften gebaute Häuser mit Ein- und Zweizimmerappartements für ältere Leute, sogenannte Clusterwohnungen. Das sind Wohnanlagen, die für fünf oder mehr Parteien gemeinsame Wohnbereiche, Sport- und Einkaufsmöglichkeiten bereitstellen. Und dann sind da noch die vielen privaten Initiativen. Alten-WGs suchen in jeder größeren Stadt nach Mitbewohnern. Ältere Frauen tun sich zusammen. Manchmal dürfen auch Männer mit einziehen.

Informieren Sie sich im Netz. Dort finden Sie sowohl private Angebote als auch kommerzielle Vorschläge. Oder: Gründen Sie selbst eine WG.

Ohne Toleranz geht es nicht

Ingeborg Dahlmann vom Dachverband „Forum Gemeinschaftliches Wohnen" (www.fgw-ev.de) warnt aber vor überstürzten Entscheidungen. Gemeinsam zu wohnen sei nicht für jeden das Richtige. Man müsse offen sein, sich auf den anderen einstellen. Nicht zuletzt braucht es viel Zeit, um von der Idee zum Projekt zu kommen. Es müssen eine Rechtsform gefunden und die Frage geklärt werden, ob vielleicht ein Haus gemeinschaftlich gekauft oder eine Genossenschaft gegründet wird. Ingeborg Dahlmann ermahnt zur guten Organisation: Denn wer in so ein Projekt zieht, für den ist das die letzte Wohnung.

Das Forum empfiehlt daher einen Psychotest: Der Fernseher bei den Nachbarn dröhnt bis spät in die Nacht – und Sie kriegen kein Auge zu. Wie reagieren Sie? Obwohl ein Putzplan besteht, ist das Bad nie wirklich sauber. Wer kauft ein? Wer kümmert sich ums Putzen, die Wäsche, Gänge zu Ämtern?

Mit solchen und ähnlichen Fragen kann geklärt werden, ob ein gemeinschaftliches Wohnprojekt überhaupt das Richtige ist. Die Auswertung des Tests zeigt dann die verschiedenen Typen zwischen überzeugtem Alleinwohner und optimalem Gemeinschaftstyp – genau wie in der Studenten-WG. Für viele der Pflichten kann man, wenn genügend Geld vorhanden ist, gemeinsam Personal engagieren. Wichtig ist, offen alles zur Sprache zu bringen, was zum Störfaktor werden könnte. Streitereien, bei denen man sich nicht weit genug aus dem Weg gehen kann, sind zermürbend. Im Vorteil ist, wer in seiner Jugend schon einmal in einer WG gelebt hat. Er kennt die Fallstricke und kann bei den ersten Gesprächen darauf aufmerksam machen.

Wie auch immer Sie sich entscheiden: Wägen Sie alle Vor- und Nachteile vorher gründlich ab!

Ein Schwabinger Altbau. Im 4. und 5. Stock, wo früher eine Pension Zimmer vermietete, ist vor zwei Jahren eine WG eingezogen. Michaela Bauer hatte nach dem Tod ihres Mannes die Pension noch fünf Jahre weitergeführt. Aber es lief nicht mehr so reibungslos wie früher. Ausziehen wollte sie allerdings nicht. Es war ihr Zuhause.

Eine alte Freundin brachte Michaela auf die Idee einer WG. Ältere Frauen, die sich sympathisch sind und nicht allein leben wollen, sollten in der ehemaligen Pension zusammenleben. Michaela, eine resolute 66-jährige Münchnerin, beriet sich mit ihren Freundinnen. Drei von ihnen, Sandra (69), ebenfalls verwitwet, war sofort dabei. Elke (71), geschieden, lebte einsam in ihrem Haus auf dem Land. „Mich besucht niemand. Ich kann sterben und kein Mensch merkt es!" Sie war begeistert von Michaelas Idee. Luise (72), ehemalige Bibliothekarin, lernte Michaela auf eine Schiffreise kennen und freundete sich mit ihr an. Auch sie fühlte sich in ihrer zu großen Wohnung nicht mehr wohl. „Ich empfand die Stille oft als bedrückend!"

Die vier beschlossen, nach weiteren Mitbewohnerinnen zu suchen. Die ehemalige Pension hatte 15 Zimmer, verteilt auf zwei Stockwerke. Dazu eine große Wohnküche, einen Frühstücksraum und auf jeder Etage ein Bad. Zwischen einigen der Zimmern gab es Verbindungstüren. Genau betrachtet, fand Michaela, dass es diverser Umbauten bedurfte. Sowohl sie selbst als auch Luise wollten zwei Zimmer bewohnen. Außerdem war die Situation mit den beiden Bädern nicht optimal. „Wenn noch fünf Mitbewohner einziehen, muss ich umbauen!", fand Michaela. Aber woher das Geld für einen Umbau nehmen?

Die Freundinnen waren bereit, sich zu beteiligen. Das sollte dann die Preise ihrer Zimmer reduzieren. Nach einer Umbauzeit von einem halben Jahr war die zukünftige WG bezugsfertig.

In der Zwischenzeit hatten sich die vier nach Mitbewohnerinnen umgesehen. „Das war der anstrengendste Teil", stöhnt Luise heute noch. „Wir haben an die 100 Bewerberinnen gesprochen!" Michela und Sandra führten die Interviews. Spreu vom Weizen trennen, so nannten sie das.

Eine der Bewerberinnen wollte sich nicht von ihren Haustieren trennen. Aber zwei kläffende Yorkshire Terrier und eine Siamkatze waren Michaela und ihren Freundinnen dann doch zu viel. Eine andere, die sich als Alice vom Stein vorstellte, schlug vor, ihre Yoga-Praxis in die WG zu verlegen. „Da könnten dann doch alle Bewohnerinnen gleich etwas für ihre Gesundheit und ihren Spirit tun!", schlug sie vor. Und: „Mehr als fünf Damen und zwei Herren haben im Augenblick sowieso nicht bei mir gebucht!" Frau vom Stein hätte gern drei nebeneinanderliegende Räume gemietet. „Wir werden Sie anrufen", wiegelte Michaela ab. Sandra meinte, nachdem die etwa 65-Jährige lautstark die Eingangstür hinter sich zugeschlagen hatte: „Um Gotteswillen dann müssen wir ja andauernd die Handflächen aneinanderlegen, uns verbeugen und ‚Namaste' sagen! Das halte ich nicht aus!"

Michaela sah sie irritiert an. „Wovon sprichst du? Was soll das ‚Namaste' sein?" – „Das heißt: ‚Ich begrüße das Göttliche in dir' und so begrüßt man sich vor und nach dem Yoga!" – „Da ist mir mein ‚Grüß Gott' schon lieber!", lachte Michaela.

Ingrid (61) bediente in dem türkischen Restaurant gegenüber der Pension. Sie hatte von der WG-Planung gehört und

Michaela, die sie schon seit Jahren kannte, gefragt, ob sie mal vorsprechen könne. Ingrid, eine resolute Nürnbergerin wurde aufgenommen. Es kamen noch Ellen, Hedi und Sarah dazu.

Ellen, eine kleine fröhliche Person, arbeitete als Buchhalterin. „In drei Jahren gehe ich in Rente", begründete sie ihren Entschluss, in eine WG umzuziehen. „Dann will ich nicht allein herumsitzen!"

Hedi und Sarah waren ein Paar. Sie wollten zwei Zimmer beziehen. Hedi war noch als Fotografin tätig. Sarah übersetzte technische Anleitungen ins Deutsche.

„Wir sind komplett", sagte Michaela, als auch Hedi und Sarah den Vertrag und die gemeinsam besprochene Hausordnung unterschrieben hatten. Diese Hausordnung regelte, wer wann in den gemeinsamen Räumen aufräumen und putzen sollte. In der großen Küche, so war es geplant, wollten die WG-Mitglieder einmal in der Woche gemeinsam essen. Eine von ihnen würde kochen, eine andere abwaschen und aufräumen. Für die jeweiligen Zimmer sollten die Bewohnerinnen selbst verantwortlich sein.

So klar dieser Plan war – so wenig klappte er. Entweder vergaß die eine, die gerade kochen sollte, einzukaufen. Oder eine andere wollte die Putzarbeiten tauschen. „Es wird sich schon einspielen", dachte Michaela Bauer. „Alle müssen sich ja erst an die neue Lebenssituation gewöhnen!"

Acht Frauen, acht verschiedene Charaktere, acht völlig andere Leben. Hedi, die Fotografin, mochte Rockmusik. „Die muss man laut spielen", verteidigte sie sich, als die Hälfte der Mitbewohnerinnen sich über den Lärm beschwerte.

Ingrid liebte es, zu kochen. Leider war sie es nicht gewöhnt, etwas ohne Chilli-Schärfe auf den Tisch zu bringen. Sandra war Vegetarierin. Sie nervte den Rest der Gruppe mit ihren fleisch- und fischlosen Gerichten.

Ellen, die ewig Fröhliche, kippte gern einen Schnaps zu viel. Was Sarah zu der Bemerkung veranlasste: „Da ist es ja kein Wunder, immer sooo gut gelaunt zu sein!"

Härter wurden die Debatten, als Ingrid ihren türkischen Lover ohne Absprache in der WG übernachten ließ. Hedi meinte: „Ich mag eigentlich keinem fremden Kerl im Unterhemd am Frühstückstisch begegnen müssen!"

Ingrid, die zwar wusste, dass sie gegen die Hausordnung verstoßen hatte, zischte trotzdem: „Typisch frustrierte Lesbe!" Sie entschuldigte sich zwar später dafür, aber ein ungutes Gefühl blieb.

Irgendwann dachte Michaela: „Eigentlich hätte ich mit allen ein Probewohnen vereinbaren müssen!"

Ellen, die Schnapsdrossel, entpuppte sich außerdem noch als starke Raucherin. „Es stinkt überall!", beschwerte sich der Rest der WG. Ellen wurde verdonnert, nur in ihrem Zimmer bei geöffnetem Fenster zu rauchen.

Und dann kam der Abend des 7. August. Hedi hatte Geburtstag. Die gesamte WG und ein paar Freunde feierten in der großen Wohnküche. Der Wein floss reichlich und Ellen ließ nach dem Essen die Himbeergeist-Flasche kreisen. Kurz nach Mitternacht löste sich die Party auf.

Etwa zwei Stunden später piepste der Rauchmelder. In Ellens Zimmer brannte die Matratze. Sie war sturzbetrunken mit einer brennenden Zigarette eingeschlafen. Die Feuerwehr war schnell vor Ort. Ellen, die eine Rauchvergiftung hatte, wurde in ein Krankenhaus gebracht. Inzwischen ist sie aus der WG ausgezogen.

Michaela ist sich nicht mehr so sicher, dass sie und Sandra wirklich die richtigen Mitbewohnerinnen ausgewählt haben. Nur ungern würde Michaela nach all dem Ärger und den kostspieligen Umbauten den Plan einer Alten-WG völlig ad acta legen. „Ich finde, wir sollten uns zusammensetzen und jede sollte sagen, was ihr nicht passt! Wenn es in einem Jahr nicht klappt – dann sollten wir das Experiment begraben!"

Adieu
Tristesse

Wer ohne Grund traurig ist, hat Grund, traurig zu sein!

*Françoise Sagan (1935–2004),
französische Schriftstellerin*

Sie war 18 Jahre alt, als sie den Roman „Bonjour Tristesse" schrieb. Das Buch machte sie weltberühmt. Françoise, ein Mädchen aus besserem Hause, lebte ihr Leben auf der Überholspur. Sie fuhr die schnellsten Autos, liebte, wann immer sie glaubte, dass es Liebe war, und verfiel Alkohol und Drogen. Die Presse nannte sie eine Stilistin der Einsamkeit. Sie heiratete zweimal. Keine der Ehen machte sie glücklich. Man sah sie selten lächeln. „Ich bin einsam. Eigentlich schon mein ganzes Leben lang", sagte sie in einem späten Interview.

Der indische Philosoph und Weise Ramana Maharishi warnt: „Die Einsamkeit frisst sich in unser Herz, in unsere Eingeweide und in die Seele wie ein bösartiges Raubtier. Lass dich nicht fallen."

16 Prozent der über 80-Jährigen sind nach einer Erhebung des Statistischen Bundesamtes einsam. Die Einsamkeit beruht meistens auf einer sozialen Isolation. Sie ist im Gegensatz zum Alleinsein ein unangenehmes, schmerzhaftes Gefühl. Wer keine vertrauensvollen Beziehungen hat, dessen Risiko depressiv zu werden, erhöht sich laut einer finnischen Studie bei Singles um 80 Prozent. Alleingelassene fühlen sich zudem häufig antriebslos und müde. Schlaf finden sie dennoch nicht. Auch Nervosität und Reizbarkeit sind Symptome der Vereinsamung. Betroffene ziehen sich zurück und verlernen, mit anderen umzugehen. In dieser Phase beginnt sich ein Teufelskreis zu schließen, der nur schwer zu durchbrechen ist.

Das Gefühl der inneren Leere wird zum ständigen Begleiter. Viele versuchen dieses Loch mit Alkohol oder Medikamenten zu füllen.

Nicht nur dadurch schädigt Einsamkeit die Gesundheit. Eine Längsschnittuntersuchung britischer Wissenschaftlerinnen zeigte, dass ein bedeutender Risikofaktor vom Zustand der Verlassenheit an sich ausgeht. Einsamkeit ist genauso ungesund wie jeden Tag eine Flasche Wein zu trinken und gefährlicher als Übergewicht. Der Körper schüttet außerdem durch den psychischen Stress mehr Cortisol aus, das wiederum lässt den Blutdruck steigen und steigert das Risiko für Herzerkrankungen. Selbst das Immunsystem bleibt auf der Strecke.

Der Sozialpsychologe Wichard Puls sagt: „Durch die altersbedingte Auflösung der sozialen Bedingungen, unter denen sie jahrzehntelang gelebt haben, laufen alte Menschen Gefahr, den Anschluss zu verlieren. Zu diesen Auflösungsprozessen zählen das Ausscheiden aus dem Berufsleben, der Verlust des Lebenspartners, die nachlassende körperliche Leistungsfähigkeit und die damit einhergehenden Beschränkungen der aktiven Teilnahme am gesellschaftlichen Leben und nicht zuletzt die Erfahrung der allmählichen Ausdünnung der eigenen Generation." Puls zufolge ist ein sogenanntes „interaktives Dilemma der Einsamkeit" zu beobachten: Ob gewollt oder nicht bilden sich unter dem Einfluss der Einsamkeit soziale Einstellungen, Verhaltensweisen und Gefühle heraus, die vom gesellschaftlichen Standard abweichen. Beim Versuch, eine Beziehung zu einem anderen Menschen aufzubauen, erweist sich dies als in doppelter Hinsicht als fatal: Einsame Personen neigen zu großer Selbstbezogenheit. Sie gehen selten auf die Sorgen und Nöte ihrer Gesprächspartner ein. Zum anderen vertreten sie häufig Einstellungen zum gesellschaftlichen Miteinander, die als destruktiv oder zynisch empfunden werden.

Dies wiederum führt dazu, dass sie kaum Sympathie vom Gegenüber bekommen.

Alzheimer durch Einsamkeit

Amerikanische Wissenschaftler beobachteten über einen Zeitraum von vier Jahren 823 Menschen, die in verschiedenen Altersheimen in Chicago und Umgebung lebten. Anfangs war keine der beteiligten Personen an Alzheimer erkrankt. Im Verlauf der Studie kam es bei denjenigen, die sich einsam fühlten, wesentlich rascher zum geistigen Abbau als bei den sozial Aktiveren.

Allerdings sollte man Traurigkeit, Alleinsein und Einsamkeit nicht in einen Topf werfen. All diese Begriffe haben verschiedene Ausgangspunkte. Noch vor 150 Jahren waren mit dem Gefühl von Einsamkeit sehr viel positivere Empfindungen verbunden. Der deutsche Maler Caspar David Friedrich (1774–1840), der mit seinem Bild „Der Wanderer über dem Nebelmeer" (ca. 1817) berühmt wurde, zeigt einen Mann, der keineswegs verzweifelt wirkt, sondern sich aus der hektischen Umwelt in die Natur zurückzieht. In der Zeit der Aufklärung wurde Einsamkeit oft positiv bewertet. Als Rückzug des Menschen aus dem Alltag. Es war der Wunsch nach Nachdenklichkeit und Selbstbesinnung.

Die Epoche der Romantik sah im Einsamen mehr den schwermütig-melancholischen, in seine eigene Innerlichkeit sich zurückziehenden Menschen. Jemanden, der sich den derben Zumutungen einer verständnislosen und oberflächlichen Außenwelt zu entziehen sucht. Das hat sich in der heutigen Zeit verändert. Einsam ist, wer seine sozialen Kontakte nicht pflegt. Deshalb:

Gehen Sie aus dem Haus! Ziehen Sie sich nicht völlig zurück. Vergraben Sie sich nicht in Ihren Erinnerungen! Vermeiden Sie sinnlose Grübeleien. Hängen Sie nicht Dingen und Geschehnissen nach, die Sie sowieso nicht mehr ändern können! Die Frage, weshalb damals vor vielen Jahren den Job nicht Sie bekommen haben, sondern Ihre Freundin – ist doch inzwischen völlig egal.

Erinnern Sie sich noch, weshalb Sie mit so vielen Weggefährten gebrochen haben? Menschen, die Sie heute schmerzlich vermissen? Der Grund dafür ist doch aus heutiger Sicht mehr als banal. Was also hindert Sie, die weiße Flagge zu hissen und an damals anzuknüpfen?

Menschen, die nur in der Vergangenheit leben, sind unglücklicher als diejenigen, die neugierig auf die Zukunft warten.

Um nicht in die Einsamkeitsfalle zu geraten: Sport baut Stress ab und das wirkt sich auf Ihre Stimmung aus! Selbst wenn Sie schon in Richtung Depression tendieren: Sport hilft die bösen Geister zu vertreiben! Versuchen Sie regelmäßig körperlich aktiv zu sein.

Das Wort „einsam", so finde ich, ist ein grausames Wort. Es scheint gleichzeitig das Wort „ungeliebt" nach sich zu ziehen. Niemand ist da, der mich in den Arm nimmt, der mir zuhört, sich um mich sorgt. Der Satz „Ich bin einsam" heißt so viel wie, ohne einen Menschen an meiner Seite zu sein, isoliert zu sein. Es liegt an Ihnen, diese dunkle Seite in Ihrem Leben zu ändern!

Traurigkeit und Verlust

Trauer und Traurigkeit gehören wie Freude oder Zorn zu den grundlegenden Emotionen eines Menschen. Wir sind traurig, wenn eine Partnerschaft in die Brüche geht und uns jemand verlässt. Wenn wir an einer Aufgabe scheitern. Wenn wir abgelehnt werden. In solchen Phasen traurig zu sein, ist ein Zeichen seelischer Gesundheit. Denn die Traurigkeit ist Teil eines

Verarbeitungsprozesses und ein erster Schritt auf dem Weg zu Akzeptanz und Neuanfang. Wenn Traurigkeit allerdings zu einem täglichen Begleiter wird, sollten Sie Hilfe bei einem Arzt suchen. Krankhafte Traurigkeit kann leicht in eine Depression kippen.

Was Sie selbst dagegen tun können:

- Unter Menschen gehen. Mit guten Freunden über die Gründe sprechen.
- Sich etwas Gutes gönnen, einen lang gehegten Wunsch erfüllen.
- Oder, wenn Ihnen danach zu Mute ist: einfach mal losheulen! Das Gesicht waschen und sich neu schminken! Ich schwöre Ihnen: Das hilft!

Ganz anders, wenn Sie einen geliebten Menschen verloren haben, der Sie viele Jahre begleitet hat. Sie vermissen ihn und fühlen sich allein gelassen. Was ist mein Leben denn ohne ihn wert, fragen Sie sich vielleicht! Alte Rituale, die nur Ihnen beiden gehörten, sind nur noch Erinnerung. Die Trauer lähmt Sie. Oder Sie wissen, dass jemand, an dem Sie sehr hängen, sterben wird.

Die Psychiaterin Elisabeth Kübler-Ross hat in den 60er-Jahren ein Modell entwickelt, das fünf Phasen des Sterbens beschreibt. Häufig wird es nicht nur auf das Sterben, sondern auch auf den Trauerprozess allgemein angewendet.

In der 1. Stufe wird die Tatsache, dass ein naher Mensch sterben wird, schlicht verleugnet.

Die 2. Stufe ist von Wut und Zorn geprägt. Warum trifft es mich, warum werden die anderen verschont?

In der 3. Stufe will man verhandeln, z. B. mit Gott.

In die 4. Stufe fallen Depression und Schmerz.

In der 5. Stufe begreift man, dass man selbst machtlos ist – die Phase der Akzeptanz.

Kübler-Ross sagt: „Trauer ist kein passiver Zustand, der von alleine wieder abklingt. Trauer ist ein aktiver Prozess der Auseinandersetzung, dessen Ziel die Zustimmung und Akzeptanz ist. Sie ermöglicht es beispielsweise Hinterbliebenen, nicht in Verzweiflung und Verbitterung zu verharren, sondern wieder neue Bindungen einzugehen."

Jetzt müssen Sie einen Großteil Ihres Lebens neu erfinden. Suchen Sie sich Rat bei guten Freunden oder einem Therapeuten. Sie müssen aber bereit dazu sein, offen auf andere Menschen zuzugehen.

Allein – aber nicht einsam

Sich bewusst zurückzuziehen ist eine selbstbestimmte Handlung und oft sehr erholsam. Endlich über Dinge, die schon lange anstehen, nachzudenken! Ruhe zu finden im rastlosen Alltag. Wieder ein Gefühl für sich selbst zu entwickeln. Die Bücher zu lesen, die sich seit Monaten um das Bett herum stapeln. Und ja: mal ganz einfach ungeschminkt und im Lotter-Look einen Tag oder mehr zu verbringen. Allein!

Anthony Storr (1920–2001), der englische Psychoanalytiker, schreibt: „Die Fähigkeit, allein zu sein, wird verknüpft mit Selbstentdeckung und Selbstverwirklichung. Mit der Wahrnehmung der tiefsten eigenen Bedürfnisse, Gefühle und Impulse." Wenn einem das Leben übel mitspielt und man sich widerwillig neu orientieren muss, ist die Fähigkeit, allein zu sein, eine wertvolle Hilfe. Veränderungen können dazu beitragen, das Leben und den Sinn neu zu bewerten.

Vor ein paar Jahren gefiel mir mein Leben in München nicht mehr. Es musste sich etwas ändern. Aber was und wie? Die Hektik fraß mich auf. Alles ging mir auf die Nerven. „Mach doch einfach mal einen längeren Urlaub", schlugen meine Freunde vor. Aber genau das wollte ich nicht: Einfach nur in einem Luxusschuppen sitzen und einer ähnlichen Art von Menschen, wie ich sie über viele Jahre in München um mich herum hatte, begegnen. Nein – ich wollte einen wirklichen Bruch. Ein anderes Leben.

Ich wusste zu dieser Zeit nicht mehr: Wer war ich überhaupt? War dieses Leben, das ich nun schon über so viele Jahre führte, wirklich mein Leben? Ich musste etwas ändern. Mich mit einer völlig neuen Situation auseinandersetzen. Sehen, wozu ich fähig war. Neues erleben. Zumindest für eine Zeit lang. Ein Jahr vielleicht. Dachte ich.

Ich hatte ein paar Monate zuvor Freunde auf einer Halbinsel im südchinesischen Meer besucht. Weil es mir dort, auf diesem total abgelegenen Flecken, so gut gefiel, kaufte ich auf einer kleinen Nachbarinsel ein Haus, das auf einer Klippe direkt über dem Meer stand. Es war ein spontaner Kauf. Das Haus, im landesüblichen Stil gebaut, hatte ein großes Zimmer mit einer wunderbaren Terrasse zum Meer, ein Badezimmer und einen Schlafraum. Mit der Halbinsel meiner Freunde war die Insel durch einen Damm verbunden. Dort gab es Strom, eine Küche, in der wir gemeinsam kochten und eine philippinische Familie, die sich um das große Steinhaus meiner Freunde kümmerte. Damals habe ich nicht lange überlegt. Als Feriendomizil für meine Familie oder Freunde würde das Haus sicher wunderbar sein.

Auf meiner Insel gab es weder Strom noch Süßwasser. Das kümmerte mich wenig. Zum Essen ging ich über den Damm hinüber zu den Freunden. Wasser wurde mir mit großen Kanistern angeliefert. Irgendwann stand für mich fest: Ich gehe für eine ungewisse Zeit auf die Insel. Meine Familie, gewöhnt an manchmal etwas unverständliche Entscheidungen, schüttelte zwar den Kopf, aber mein Entschluss stand fest. Das wollte ich jetzt unbedingt durchziehen.

Um auf dieser Insel im Nirgendwo nicht ganz allein zu sein, schaffte ich mir einen kleinen Hund an. Dann kümmerte ich mich um die Einreisepapiere, kündigte meine Dachterrassenwohnung in Schwabing, stellte die Möbel in einem Lager unter und besorgte mir ein Visum und das Flugticket. München – Manila. Rückflug offen. Mein kleiner Hund erwies sich als reisetauglich, obwohl es auf der Zwischenstation in Manila Schwierigkeiten mit dem Hotel gab: Hunde nicht erlaubt. Aber fette Trinkgelder umgehen derartige Vorschriften.

Am nächsten Tag ein Weiterflug nach Iloilo, einer der größeren Inseln im Südchinesischen Meer. Von IIoilo holte mich der Vater der philippinischen Sippe, die das große Haus von meinen Freunden betreute, mit einem Motorboot vom Flugzeug ab. Großes Gelächter wegen des Hundes und meines vielen Gepäcks. Anderthalb Stunden übers offene Meer. Als wir ankamen, ging gerade die Sonne unter. Es war zum Niederknien schön.

Mein Hund konnte es kaum fassen, welch großen Spielraum er hatte. Die erste Nacht war voller ungewohnter Geräusche. Ich schlief wenig und setzte mich schließlich mit einem Glas Wein auf die Terrasse. In der Ferne ein riesiges, hell erleuchtetes Kreuzfahrtschiff. Kein Geräusch, nur Lichter. Es sah aus wie ein Geisterschiff. Unwirklich und sehr, sehr fremd.

Am nächsten Morgen ging ich mit meinem Hund über den Damm, um mein künftiges Leben hier auf Natago, so hieß meine kleine Insel, zu besprechen. Die philippinische Familie saß schon aufgereiht in dem Pavillon, der meinen Münchner Freunden als Wohnzimmer diente. Wir kannten uns von meinem ersten Besuch. Ganz klar, was ich hier wollte, war es ihnen nicht.

Wie lange ich denn bleiben würde? Ein Jahr, sagte ich. Vielleicht länger. Was ich denn tun wolle? Das wusste ich doch selbst nicht so genau. Ich hatte einen Laptop im Gepäck, einen Weltempfänger und andere Geräte, die von einer Stromquelle abhingen. Aber: Strom gab es auf meiner Insel nicht. Und auf der Halbinsel nur, wenn man den Dieselmotor im Gerätehaus anwarf. Und auch das funktionierte nicht immer. Süßwasser, erfuhr ich, würde man mir wöchentlich zum Duschen bringen. Einen Kühlschrank? Wie, Kühlschrak? Wir haben eine alte Kühltruhe, da können wir Eisblöcke kaufen. Aber das ist eine aufwendige Sache. Also: keinen kühlen Weißwein. Kein Eis für einen Aperitif auf meiner Terrasse. Nichts, was so ein Städterinnen-Herz begehrt. Gekocht würde auf einem zweiflammigen Gaskocher. Das würde die größere Tochter gern für mich tun. Die Lebensmittel könne man im benachbarten Dorf kaufen. Oder, falls sie nicht verderblich sind, auf der großen Insel Iloilo. Einmal pro Woche, schlug der Familienchef vor, könne ich ja nach einem eineinhalbstündigen Marsch durch den Dschungel mit dem öffentlichen Schiffsverkehr nach Iloilo schippern. Fische würde ein Einheimischer auf Wunsch anliefern.

Nach diesem Gespräch saß ich erstmal einige Stunden ziemlich ratlos auf meiner Terrasse. Fritzi spielte unten am Strand. Zumindest er schien zufrieden. Vor meiner Abreise hatte ich noch einen Buchvertrag für einen Krimi unterschrieben. Wie sollte das hier gehen? Kein Strom – kein Laptop. Mit der Hand 220 Seiten schreiben? Keine Chance. Und wie sollte es ohne Kühlung gehen? Lebensmittel am gleichen Tag verbrauchen? Die Einkaufsmöglichkeiten auf der Halbinsel waren begrenzt. Ich konnte ganze Hühner kaufen, halbe Lämmer oder Ziegen. Allerdings nicht in Gramm oder Kilo gerechnet. Ich entschied mich für die Hühner. Sie wurden gerupft angeliefert. Eines der philippinischen Mädchen nahm sie aus und steckte sie mit etwas abenteuerlich anmutenden Kräutern in den Kochtopf. Dazu gab es dann Reis, Nudeln oder einen Salat aus der Region. Ich hatte keine Ahnung, welches Grünzeug ich da aß. Es schmeckte ähnlich wie Rauke. Mein Hund Fritzi war hochzufrieden. Er bekam Hühnchen satt.

Das musste sich auch bei seinen Geschlechtsgenossen herumgesprochen haben. Ein paar Wochen nach unserer Ankunft hörte ich dumpfes Getrappel auf dem Holzsteg, der zu meinem Haus führte. Es war gegen Abend. Ich hatte Fritzi gerade das obligate Hühnchen auf der Terrasse serviert. Eine Horde von acht Hunden kam über den Steg. Voran ein Tier wie aus dem Horrorfilm. Groß, zottig mit keinem sehr vertrauensvollen Gesichtsausdruck. Fritzi sah die wilde Horde, ging einen Meter von seinem Fressnapf weg und wartete.

Der Anführer der wilden Gang sah mich an, dann den großen Fressnapf, dann Fritzi. Ich blieb sitzen, bereit, meinen kleinen Hund vor diesem Zerberus zu retten. Der Rest der Gruppe blieb hinter ihrem Anführer stehen. Sie warteten. Zerberus ging auf den Napf zu, sah kurz zu dem fremden Hund und fraß. Danach kamen die anderen dran. Zerberus kam zu mir, schnüffelte an meinen Füßen und legte sich mit einem wohligen Brummen hin. Ich hatte meinen Hund nicht aus den Augen gelassen. Der saß etwas angespannt, aber ruhig, da. Das Ganze hatte etwa eine halbe Stunde gedauert. Dann verschwanden die Hunde.

Sie kamen am nächsten Tag wieder. Same procedure – jetzt ging, nachdem alle gefressen hatten, Fritzi auf sie zu. Sie umringten ihn, nahmen ihn in ihre Mitte und rannten zum Strand hinunter. Ich beobachtete, wie sie alle ins Wasser gingen, herumspritzten wie die kleinen Kinder und nach einiger Zeit Fritzi wieder ablieferten. Das ging nahezu ein halbes Jahr lang. Dann erschienen plötzlich nur noch drei, vier Tiere aus der Gruppe. Ich fütterte sie, sie schliefen auf der Terrasse und

Fritzi hatte wenigstens sie als Spielgefährten. Der große Hund, den ich Zerberus getauft hatte, war erschossen worden.

Doch auch meine Ankunft blieb den Nachbarn auf den anderen kleinen Inseln nicht verborgen. 20 Bootsminuten entfernt hatte sich ein ehemaliger schwedischer Stahlmanager niedergelassen. Auf einer der anderen Inseln ein amerikanischer Geschäftsmann und etwas weiter weg ein englischer Aussteiger, der ein Restaurant auf seiner Insel betrieb – allerdings eines mit kaum Gästen. Es war einfach zu abgelegen. Einer nach dem anderen machte einen Antrittsbesuch bei mir. Eine Frau, allein mit einem Hund auf einer Insel im Südchinesischen Meer. Die musste man sich anschauen. Die Männer, die immer ohne Frauen bei mir auftauchten und ein Geheimnis witterten, waren im Großen und Ganzen schwer in Ordnung. Im Gegensatz zu mir hatten sie auf ihren Inseln Strom, Wasser und alles, was ein zivilisierter Mensch zu brauchen glaubt.

Um das Restaurant von Peter anzukurbeln, schlug ich vor, einen „Saturday Club" zu gründen. Jeden Samstag ab 13 Uhr wollten wir uns bei Peter treffen. Essen, trinken, quatschen. Ich wurde von dem Schweden abgeholt. Er besaß ein wirklich eindrucksvolles Boot, das ein Bootsmann fuhr. Nicht ein einziges Mal brachte einer der Männer seine Frau mit, obwohl ich sie immer eingeladen hatte.

Fritzi liebte die Ausfahrten zu der anderen Insel. Einmal in der Woche Gesellschaft zu haben, das war okay für mich. Ansonsten genoss ich meine Einsamkeit. Von Ängsten blieb ich verschont. Sowieso neige ich nicht zur Schwarzmalerei. Die Hektik meines Lebens in München war verschwunden. Ich konnte Kleinigkeiten wie die unterschiedlichen Farben des Meeres am Morgen und am Abend genießen. Nach Korallen tauchen und nicht enttäuscht sein, wenn ich keine fand. Doch dann kam der Taifun. „Es ist die Jahreszeit", sagte die philippinische Familie. „Immer im Herbst tobt sich der Sturm in dieser Ecke aus!"

Na gut, dachte ich. Wird schon nicht so schlimm werden. Es wurde schlimmer! Ein paar Mal wurde das Dach meines Hauses von einem heftigen Taifun abgedeckt. Beim dritten Mal überlegte ich, ob es das wert sei. Das Grollen und Poltern in der Luft. Die Hölle scheint ausgebrochen. Ich zog in das Steinhaus auf der Halbinsel. Innerhalb einer Woche war jedoch jedes Mal alles instandgesetzt. Die neuen Freunde reparierten das Dach.

Inzwischen hatte mir einer meiner „neuen Männer" eine Lastwagenbatterie besorgt und meinen Laptop daran angeschlossen. Ein wenig Luxus war plötzlich wieder da. Auch das Handy funktionierte. Über meinen Weltempfänger, den ich mir in München angeschafft hatte, konnte ich nur Radio China empfangen. Aber auch dort gab es einmal am Abend Nachrichten in englischer Sprache.

Ich habe mich während dieser knapp zwei Jahre niemals einsam gefühlt. Ich hatte Zeit, über vieles nachzudenken und zu mir zu kommen. Über den Vorwurf mancher Freunde, ich wäre ein Luxusweibchen, konnte ich nur noch lächeln. Keiner von ihnen hätte den Mut gehabt, sich diesen ungewohnten Situationen auszusetzen. Mir war bewusst geworden, dass ich auch unter weniger komfortablen Umständen überleben würde. Das war eine sehr beruhigende Erkenntnis! Ich verließ dieses wunderbare Haus und wusste, dass ich ein aufregendes Kapitel meines Lebens erfolgreich abschließen konnte.

Nach Natago bin ich nie wieder gekommen. Ich hatte diese mir selbst auferlegte Prüfung bestanden. Das machte mich sehr zufrieden und glücklich. Das Haus habe ich mit allen Möbeln Freunden überlassen.

Enkel
und wie sie
die *Welt*
verändern

> Erst bei den Enkeln ist man so weit, dass man seine Kinder ungefähr verstehen kann!
>
> *Erich Kästner (1899–1974),*
> *deutscher Schriftsteller*

Am 13. August 1995 um 6 Uhr 31 kam mein Enkel Leon zur Welt. Ich war bei der Geburt dabei und hatte dieses Bündel Mensch als Erste im Arm. Ein winziges schreiendes Etwas. Noch heute, 22 Jahre danach, erinnere ich mich an das unbeschreibliche Glücksgefühl. Inzwischen ist das Bündel 185 cm groß, studiert Philosophie und Theaterwissenschaften und entwickelt sich zu einem ziemlichen Womanizer. Acht Jahre später wurde ich zum zweiten Mal Großmutter. Ein kleines, zartes, blondes Mädchen. Das heute auffällt, weil es die längsten und schönsten Beine der Welt hat. Zumindest für mich, ihre Großmutter.

Sie merken schon, ich liebe diese beiden Enkelkinder sehr. Was nicht heißt, dass ich eine betütelnde Oma bin. Ich war beruflich voll eingespannt und als die klassische Oma kaum zu gebrauchen. Kinder hüten, sie in den Park begleiten oder von der Schule abholen, dafür stand ich nie zur Verfügung. Ich war und bin die Großmutter, die zuhörte, wenn die Eltern gerade wieder mal „unmöglich" waren, die Feste organisierte, die nach den Geburtstagswünschen fragte und ansonsten beruflich voll eingedeckt war.

Apropos Oma: Ich schlug vor, dass man mich Großmutter nennt oder bei meinem Vornamen. Den Vornamen – das mochten beide Enkel nicht. Großmutter – na ja!

Warum ich so reagiert habe? Eine Oma, das war für mich die Mutter meiner eigenen Mutter. Eine kleine, rundliche

Frau, die herrliche Kuchen und Torten gebacken hat und niemals böse war. Sie lebte mit meinem Großvater in einem mir riesig erscheinenden Haus auf dem Land. Wenn ich bei ihr in den Ferien zu Besuch war, machte sie lange Spaziergänge mit mir und erklärte mir die Blumen, Bäume und alles, was auf ihnen kreuchte und fleuchte. Keine Ahnung, woher sie das alles wusste. Oma hatte nie einen Beruf ausgeübt. Sie war Hausfrau und Mutter. Großvater war das, was man früher einen „schneidigen Kerl" nannte. Er fuhr ein schweres Motorrad mit einem Beiwagen. Man munkelte, dass er „nichts anbrennen" ließe. Manchmal durfte ich eine Runde um das Grundstück mit ihm drehen. Es gab dann immer Zoff mit Oma. Sie fand ihn verantwortungslos. Mir allerdings hat es riesigen Spaß gemacht.

Die anderen Großeltern habe ich nicht mehr erlebt. Die Geschichten über sie allerdings faszinierten mich. Mein väterlicher Großvater experimentierte als Wissenschaftler mit Schlangengiften. Schon 1910 war er sicher, dass sie für die Medizin ein Gewinn sein würden. Seine Frau, meine Großmutter, stammte aus dem französischen Elsass. Sie war eine bekannte Theaterschauspielerin. Eine sehr aufmüpfige Person soll sie gewesen sein und sich für Frauenrechte eingesetzt haben. Wie gern hätte ich die beiden kennengelernt. Vor allem, weil mein Vater immer wieder lachend sagte: „Du bist genauso rabiat wie meine Mutter. Sie hätte an dir viel Freude gehabt!"

Großeltern und Enkel – eine besondere Beziehung

Dieses Verhältnis ist und war das einzige Überbleibsel eines bürgerlichen Familienideals. Zu Beginn des 20. Jahrhunderts hatten Großeltern allerdings kein sehr positives Image. Oft versuchten sie sich in die Erziehung der Eltern einzumischen. Oder sie verwöhnten die Enkel über alle Maßen. Die meisten aber waren auch körperlich und geistig nicht mehr fähig, sich um ihre Enkelkinder zu kümmern. Heute sind Großeltern im Allgemeinen gesünder, aktiver und innovativer.

Der Schweizer Soziologe François Höpflinger sagt in seinem Buch „Enkelkinder und ihre Großeltern": „Der Wegfall der autoritären Erziehungsmuster hat einiges entschärft. 1968 hatte die Jugend ganz andere Wertvorstellungen als ihre Eltern aus der Kriegsgeneration. Dieser Konflikt hat sich nicht nur auf die Beziehung zwischen Kindern und ihren Eltern negativ ausgewirkt, sondern auch auf die Beziehung der Enkel zu ihren Großeltern. Die 68er-Eltern wollten ihre Kinder den neuen Werten entsprechend erziehen und haben daher vielleicht einen engen Kontakt zu den Großeltern vermieden. Heute entfällt dieser Generationenkonflikt, weil sich die Wertvorstellungen von Jung und Alt angenähert haben."

Und, so Höpflinger: „Die distanzierte Großeltern-Enkel-Beziehung ist zu einer kameradschaftlichen geworden. 2004 haben wir 658 Enkel befragt, wie sie ihre Großeltern einschätzen. 80 Prozent bewerteten ihre Großeltern positiv."

Für den 14-jährigen Enkel meiner guten Freundin *Christine Kaufmann* gestaltete sich die Beziehung zu seinen Großeltern von Geburt an sehr schwierig. Seinen Großvater, den verstorbenen amerikanischen Schauspieler Tony Curtis, kennt er nur von Fotos. Mit seiner Mutter hat er einige Jahre auf Mallorca verbracht. Es waren unstete Jahre für den Jungen. Vor einem Jahr hatte seine Großmutter dieses Domizil, für das sie, wie auch für den Unterhalt, bezahlt hatte, aufgelöst. Der Junge und seine Mutter kamen zu Christine Kaufmann nach München. Seinen Vater, der in Amerika lebt, sieht er höchst selten.

Christine Kaufmann sagte: „Seine Eltern sind genau jene Generation, die keinen Sinn für Vergangenheit und Zukunft haben. Geprägt durch Sprüche und Schnapsideen. Sie sind außerstande, jene Brücken zu bauen, die einen normalen Alltag ausmachen!"

Also war die Großmutter diejenige, die sich um das Leben ihres Enkels gekümmert hat. Christine Kaufmann glaubte, dass sie ihn nervte mit ihrer Fürsorge. „Alles an mir nervt ihn. Aber er spürt, dass diese Ermahnungen und Verbote aus tiefer Liebe geschehen. Ich will, dass er nicht untergeht. Ich bin sein Fels. Er und ich haben unsere eigene Welt. Seine Mutter versteht selbst unsere geheime Sprache und Zeichen nicht. Sie empfindet das als Bedrohung."

So hochfliegend und unrealistisch die beruflichen Pläne seiner Mutter sein mögen, so wirklichkeitsnah sind die des 14-jährigen Sohnes. Er möchte, wenn er die Mittelschule ab-

Christine Kaufmann

geschlossen hat, eine Ausbildung als Koch machen. Auch darin wurde er von seiner Großmutter bestärkt.

Eine Brücke zwischen den Generationen bauen

Im Gegensatz zu den Eltern haben Großeltern einen großen Vorteil: Sie versuchen nicht, die strafenden Erzieher zu spielen. Großeltern lieben ihre Enkel bedingungslos, einfach nur weil sie da sind. Dieses emotionale Nest ist ein Riesenvorteil für die Kinder.

Roswitha Sommer-Himmel, Professorin für Pädagogik, frühkindliche Bildung und Erziehung, meint: „Oft entsteht über die Erziehung der Kinder zwischen Eltern und Großeltern Streit. Beide Parteien sollten sich über die Grundätze absprechen. Eltern haben ja gewisse Erziehungsziele und erwarten, dass die Großeltern ähnlich denken. Um die Harmonie zu wahren, ist ein Grundkonsens wünschenswert. Trotzdem dürfen Omas und Opas ihre Enkel ab und zu verwöhnen, ihnen Dinge durchgehen lassen, die daheim anders laufen."

Eltern und Großeltern sind sich nicht mehr grün. Sie werfen mit vergifteten Pfeilen aufeinander. Oft ist das bittere Ergebnis einer Scheidung ein andauernder Familienstreit. Der dann auch noch auf den Rücken der Enkel ausgetragen wird. Wenn möglich, sollten Kinder die Chance bekommen, die Beziehung aufrechtzuerhalten. Gerade bei Scheidungsfamilien bricht häufig auch der Kontakt zu den Eltern des Partners ab. Doch genau in solchen Situationen sind Großeltern wichtig, weil sie eine andere Rolle haben. Sie können Kindern, die sich in einer emotionalen Leere befinden, das Gefühl geben: Hier bin ich daheim und willkommen. Falsch wäre es – von den Eltern wie von den Großeltern –, die Kinder zu instrumentalisieren. Sie müssen als eigene Persönlichkeiten zu ihrem Recht kommen.

Lena (15) ist ein Scheidungskind. Ihre Eltern trennten sich, als sie neun Jahre alt war. Lena blieb bei ihrer Mutter. Aus beruflichen Gründen zog die Mutter von Hamburg nach Berlin. Beide Großelternpaare leben in Norddeutschland.

Zu den väterlichen Großeltern hatte Lena überhaupt keinen Kontakt. Ihre Mutter hatte sich nie gut mit ihnen verstanden. Lena aber liebte ihren Großvater sehr. Er hatte ihr einen kleinen Hund geschenkt und ihr Reitunterricht gegeben. Sie vermisste ihn. Als sie ihre Mutter fragte, ob sie nicht in den großen Ferien zu den Großeltern fahren dürfe, war die Mutter wenig begeistert. „Sie haben mich nie gemocht!", sagte sie zu ihrer Tochter. „Und ich sie auch nicht." – „Was hat das denn mit mir zu tun?" fragte Lena irritiert. „Ich mag Opa und Oma!"

Heimlich schrieb sie ihrem geliebten Großvater. Ob er nicht mal mit der Mama reden könne. Ihr Brief verschlimmerte die Situation. „Hinter meinem Rücken tust du so etwas. Du stellst mich quasi als schlechte Mutter hin. Mach das nie wieder!"

Zwei Jahre lang hatte Lena keinen Kontakt zu ihren Großeltern. Im dritten Jahr, Lena war inzwischen 13 und ein stiller Teenie, durfte sie den Vater besuchen. Von Hamburg aus war es nicht weit zu den Großeltern. Zwei wunderbare Wochen verbrachte sie dort. Als ihre Mutter sie in Berlin vom Zug abholte, schloss sie ein fröhliches Mädchen in die Arme. Es war dieser totale Stimmungswechsel, der Lenas Mutter veranlasste, ihre Haltung gegenüber den Eltern ihres Ex-Mannes zu ändern. Zweimal im Jahr, so vereinbarte sie mit ihnen, durfte Lena jetzt nach Norddeutschland reisen.

Einmal holte sie Lena von den Großeltern ab. Lena hatte Angst, dass es zum Eklat kommen würde. Das Gegenteil war der Fall: Plötzlich verstanden sich die Erwachsenen richtig gut. Lenas Mutter lud die beiden nach Berlin ein. Inzwischen feiern sie Weihnachten und Lenas Geburtstage immer zusammen. „Jetzt", sagt Lena, „sind wir wieder eine richtige Familie!"

Der veränderte Lebensrhythmus

Dr. Helen Kivnick, Professorin für Sozialarbeit an der Universität von Minnesota, weist darauf hin, dass der Generationskonflikt größer wird, wenn die Enkel ins Teenageralter kommen. Statt Großeltern als Menschen zu sehen, die ihre eigenen besonderen Erfahrungen gemacht hätten, sähen Heranwachsende sie oft nur als die Eltern ihrer eigenen Eltern. Die Großeltern sollten respektieren, dass ihre Enkel nach der Schulzeit plötzlich ganz andere Kontaktpersonen bevorzugen. Meistens sind es Gleichaltrige, die sie im Studium, im Job oder beim Sport kennenlernen. Dann können schon mal Monate vergehen, bevor sich die Enkel wieder der Großeltern entsinnen. Eine Kränkung ist mit dieser Nachlässigkeit nicht gemeint.

Es ist auch nicht immer leicht, Gemeinsamkeiten zwischen den beiden Generationen zu entdecken. Wenn man *Max* (17) fragt, wie oft er seine Großeltern sieht, hebt er die Schultern: „Den Opa öfter, mit ihm kann ich zum Fußball gehen. Er lädt mich dann ins Stadion ein. Opa hat früher selbst bei einem kleinen Verein als Torwart gespielt. Bei dem Thema ist er ziemlich fit. Aber sonst? Er hat keine Ahnung, was ich so an Musik höre oder welche Filme ich mag. Da wird's dann schon mühsam. Jetzt hab' ich ihm seinen Computer erklärt. Er hat das Ding seit vier Jahren im Regal stehen und nie benutzt. Wir mailen inzwischen über die Sportergebnisse. Auch bei Handball weiß Opa toll Bescheid.

Mit meinen beiden Omas gibt es kein gemeinsames Gesprächsthema. Sie fragen immer dieselben Sachen. Ob ich ordentlich esse, in der Schule gut mitkomme und was ich zu Weihnachten oder zum Geburtstag haben will. Dann beschweren sie sich auch, weil ich sie nie anrufe. Dabei mag ich beide total gern. ‚Früher‘, sagen beide Omas, ‚warst du doch immer so gern bei uns.‘ Wenn ich dann sage: ‚Aber da war ich doch noch klein‘, seufzt die Mama-Oma ganz dramatisch. Sie murmelt dann: ‚Ja, ja – damals konnte man noch etwas mit dir anfangen!‘ Am meisten freuen sie sich, wenn ich sie bitte, meine Lieblingsgerichte zu kochen. Die sind immer viel leckerer als zu Hause. Ich habe meistens ein schlechtes Gewissen den beiden Omas gegenüber.“

Ursula Lenz von der Bundesarbeitsgemeinschaft der Seniorenorganisationen ist sich durchaus bewusst, dass sich die Beziehung in dieser Zeit verändert. Aber sie ist sich auch sicher, dass der Kontakt deswegen nicht abreißen muss. Sie empfiehlt den Großeltern, neue Medien zu nutzen. Bei einer Mail oder einer Nachricht auf dem Smartphone würden die Enkel eher mal auf „Antworten“ drücken. Mit einer E-Mail tun sich die meisten Enkel leichter, die den Aufwand scheuen einen Brief zu schreiben und ihn zur Post bringen. Und für Senioren kann das eine Motivation sein, sich mit dem PC auseinanderzusetzen.

Wenn Großeltern zu Freunden werden

Wie aber gestaltet sich eine Enkel-Großeltern Beziehung, wenn der Enkel erwachsen ist? Interessieren sich die Millennials überhaupt noch für ihre Großeltern? Oder sind sie lästiges Familienbeiwerk? Was erwarten sie von ihnen?

Mein Enkel Leon ist 22 Jahre. Er studiert an der LMU in München. Meine Interviewfragen beantwortete er ehrlich und zögerte nur diplomatisch, als er über die beiden noch lebenden Großmütter sprechen sollte.

Frage: Du hast zwei Großväter erlebt – wie war der Kontakt zu ihnen?

Um ehrlich zu sein, kaum vorhanden. Ich denke, was meine beiden Großväter gemeinsam hatten, war, dass sie unglaubliche Narzissten waren, die sich, sofern es ihnen nicht von Vorteil war, nicht besonders für andere Menschen, geschweige denn Familie interessiert haben. Auch hatten meine Eltern beide nicht das beste Verhältnis zu ihren Vätern, um es vorsichtig auszudrücken. Das führt natürlich auch nicht zu einer innigen Enkel-Großvater Beziehung. Dazu kommt noch, dass ich wohl, was meine Großeltern betrifft, in einer eher ungewöhnlichen Familie aufgewachsen bin. Dass mein Großvater nicht mehr mit meiner Großmutter verheiratet ist und ich, zumindest auf einer Seite der Familie, wechselnde „Stiefomas" hatte, war eigentlich eine Selbstverständlichkeit. Deswegen hat die aufgesetzte Familienidylle, die ich bei den Großeltern von Freunden erlebt habe, mich auch meistens eher irritiert. Bei uns gab es immer Konflikte und daraus wurde auch nie ein Hehl gemacht.

Auch waren meine beiden Großväter keine aus dem Ohrensessel schwadronierenden Alten, denen man eher unfreiwillig bei ihren Geschichten aus der guten alten Zeit zuhört. Ich habe beide als sehr beeindruckende Menschen erlebt, die auch im Alter noch genauso viel Interessantes zu erzählen hatten. Das hat mich, denke ich, auch sehr bereichert.

Frage: Hattest du den Eindruck, du warst ihnen relativ egal?

Egal war ich ihnen, glaube ich, auch nicht. Ich denke, sie waren beide auch einfach nicht zu mehr in der Lage. Mit meinem einen Großvater habe ich, als ich klein war, ab und zu etwas unternommen, aber das war schon sehr selten. Den anderen habe ich eigentlich nie gesehen. Ich weiß nur, dass er sich, bevor er gestorben ist, oft erkundigt hat, wie es mir geht. Aber ,no hard feelings'. Ich habe nie mehr erwartet, auch weil ich es nie anders gekannt habe.

Frage: Die beiden Großmütter: Was unterscheidet sie deiner Meinung nach? War der Kontakt verglichen mit dem zu den Großvätern anders?

Ich denke, man kann meine beiden Großmütter nicht miteinander vergleichen. Die Unterschiede sind auf beiden Seiten schon sehr groß. Der Kontakt zu meinen beiden Großmüttern war immer viel enger. Wir waren häufig bei beiden zum Essen eingeladen und auch so hab ich beide häufiger gesehen. Das ist auch immer noch so.

Als meine beiden Großväter noch gelebt haben, hab ich es immer so wahrgenommen, als stünden mir meine Großmütter viel näher. Mit meinen Großvätern war es oft ein bisschen so, als wären sie entfernte Verwandte. Mit meinen Großmüttern überhaupt nicht. Da war klar, dass sie zum engen familiären Umfeld gehören.

Frage: Was erwartest du von den Großmüttern?

Tatsächlich denke ich, dass man sich ab einem gewissen Alter ein bisschen davon freimachen sollte, Menschen, nur weil man mit ihnen verwandt ist, anders zu bewerten als andere. Dass das natürlich nie ganz funktioniert, ist klar.

Insofern versuche ich auch, von meinen Großmüttern nicht mehr zu erwarten, als ich das auch von engen Freunden tun würde. Das heißt auch eigentlich nicht, dass ich weniger erwarte von ihnen, sondern tatsächlich eher mehr. Ich weigere mich, fast schon schäbiges Verhalten nur deswegen zu tolerieren, weil man zufälligerweise verwandt ist. Da bin ich auch sehr direkt. Im Endeffekt sind das dann so sehr grundlegende

Dinge wie Ehrlichkeit, gegenseitiges Sich-vertrauen-können, Rücksichtnahme etc.

Frage: Im Gegensatz zu den ewig abwesenden Großvätern – was machen sie besser?

Das lässt sich sehr schwer allgemein beantworten. Ich denke, sowohl auf die Frage, was beide gut machen oder was negativ an ihnen ist, kann ich nur situationsspezifisch antworten. Allgemein lässt sich über beide wohl nur sagen, dass sie mir nie reingeredet haben und mich immer unterstützt haben in dem, was ich machen wollte und machen will. Das ist aber auch wahrscheinlich eine Grundvoraussetzung dafür, überhaupt mit mir zurechtzukommen.

Frage: Der Generationenunterschied – woran merkst du ihn? Was stört dich eventuell daran?

Den Generationsunterschied merkt man auf alle Fälle. Gerade wenn ich mir überlege, dass meine beiden Großmütter schon in einem Alter verheiratet waren, von dem ich gar nicht mehr weit entfernt bin, wird mir klar, dass wir zwei Generationen auseinanderliegen. Für mich gibt es wohl nichts, was weiter entfernt ist, als zu heiraten. Auch bei Dingen wie Benimmregeln merkt man einen Unterschied. Aber ich versuche eigentlich immer eher die Gemeinsamkeiten zu sehen als die Unterschiede. Sonst könnte man ja gar nicht mehr miteinander sprechen.

Frage: Findest du es wichtig, einen engen Kontakt zu den Großmüttern zu haben?

Ja, aber nicht, weil sie meine Großmütter sind, sondern weil ich mit beiden gut zurechtkomme und gerne Zeit mit ihnen verbringe von der ich auch profitiere. Wäre das nicht so, würde ich hier auch ganz klar mit Nein antworten.

Ich hatte bisher nie mit meinem Enkel über dieses Thema gesprochen. Ich wusste allerdings, dass er es sehr bedauert, dass der Kontakt zu seinen Großvätern so auf der Oberfläche geblieben war. Einer seiner Großväter war ein bekannter Psychiater, der andere Regisseur. Leon hätte gern von deren Erfahrung und Wissen profitiert.

Da wir ein sehr freundschaftliches und offenes Verhältnis zueinander haben, war ich sehr gespannt, was er auf meine Fragen antworten würde. Wir haben nie „heile Familie" gespielt. Wenn es Diskussionsbedarf gibt, streiten wir beide auch mit harten Bandagen. Allerdings immer im Wissen, dass wir einander lieben und uns auch strittige Meinungen niemals auseinanderdividieren können. Auch so kann eine Großmutter–Enkel Beziehung für beide Seiten zum Gewinn werden.

Forever
Young

Es bringt nichts auf alte Schultern ein junges Gesicht zu setzen!

Sathya Sai Baba (1926–2011),
indischer Hindu-Mystiker

Mit Würde altern sollen wir Frauen über 60. Rezepte allerdings bekommen wir dafür nicht! Den Blick in den Spiegel am Morgen, der uns im besten Fall ein resigniertes Lächeln abringt, sollen wir heldenhaft ertragen? Selbstbewusst über jede neue Falte hinwegsehen? Sie vielleicht sogar noch lieben? Uns Mut machen, weil wir es bis hierhin geschafft haben, nicht von der Brücke gesprungen sind oder im Alkohol Trost gesucht haben?

Mit Mitte 50 die ersten grauen Haare. Graue Haare – graue Maus? Blödsinn! Davon lassen wir uns doch nicht verunsichern! Die wirklich selbstbewussten Frauen färben sich nach dieser Entdeckung die Haare nicht rot oder blond. Sie bevorzugen Weiß oder ein schimmerndes Silbergrau. Das beweist Stil und Mut! Noch sind wir nicht zu alt für Extravaganzen. Gehören noch nicht zum alten Eisen!

Die wunderbare Nobelpreisträgerin *Rita Levi-Montalcini*, eine der schönsten alten Frauen, die ich je gesehen habe, hat nie in ihrem Leben erwogen, einen Schönheitschirurgen aufzusuchen. Sie trug ihr von Falten durchzogenes Gesicht wie eine Auszeichnung. Und sie war noch im hohen Alter sehr schön. Sie lebte intensiv und fand, dass man dies ruhig sehen dürfe. Allerdings braucht es dazu eine große Portion Selbstbewusstsein, um sich nicht von den Bildern, die uns die Werbung einimpft, verunsichern zu lassen. Man muss aber auch nicht täglich jede neue Falte freudig begrüßen. Wie auch auf vielen anderen Gebieten ist hier ein Mittelweg oft der bessere.

Werber wollen ihre Produkte verkaufen. Und solange der Konsument das mitmacht, so lange werden schon die über 40-Jährigen mit Anti-Aging-Produkten beworben! Wir alle, ganz gleich ob mit 40 oder 75 Jahren, sollen jetzt gefälligst etwas tun, um unsere Jugendlichkeit bis ins hohe Alter zu bewahren. Wir müssten nur diese eine Creme kaufen, dieses eine Wässerchen auftragen – dann, so die Verheißung, würden wir wieder in altem Glanz erstrahlen. Die Creme enttäuscht, auch Hyaluron kann keine Wunder bewirken.

Die gelifteten und gebotoxten Gesichter der gleichaltrigen Schauspielerinnen lächeln uns unverschämt gutaussehend in den Zeitschriften entgegen. In den Interviews lesen wir, dass nicht der Schönheitschirurg nachgeholfen hat, sondern die guten Gene dafür verantwortlich sind. Heimlich verfluchen wir unsere Vorfahren, die anscheinend ziemlich üble Gene vererbt haben. Von Freundinnen haben wir gehört, dass es hilft, Gesichtsgymnastik zu machen. Wie eine Giraffe sollen wir den Hals recken in jede Richtung. Täglich morgens und abends. Ich recke also. Geholfen hat es, glaube ich, wenig. Aber wer weiß, wie ich aussehen würde, hätte ich mich nicht gereckt? Heimlich überlege ich, ob Botox, vielleicht doch… oder ein Facelifting? Nicht mal meiner besten Freundin vertraue ich diese Gedanken an. Sie sieht in letzter Zeit sowieso so glatt aus! Eine Verräterin?

Die Deutsche Gesellschaft für Ästhetisch-Plastische Chirurgie (DGÄPC) schätzt, dass im Jahr 2014 etwa 400.000 ästhetisch-plastische Operationen durchgeführt wurden. Am meisten verlangt wurden: Faceliftings, Nasenkorrekturen, Bauch- und Gesäßstraffungen sowie Brustoperationen. Dass dabei nicht selten etwas schiefgeht, wird meistens ausgeblendet. Umso mehr erschreckt es, wenn in der Zeitung über einen Todesfall nach einem Facelifting oder einer Fettabsaugung berichtet wird. Der Schreck sitzt dann erst mal tief. Besser doch nicht! Außerdem sind da noch die vielen Frauen, deren Gesichter verraten, dass sie wieder einmal zu viel von allem wollten!

Wir kennen sie doch, diese Frauen mit dem eingefrorenen Lächeln und den aufgespritzten Lippen. Die meisten von ihnen sind um die 60. Sie verbringen viel Zeit und zahlen eine Menge Geld dafür, ihren nicht mehr jungen Gesichtern künstlich den Schmelz der Jugend zurückzugeben. Leider geraten viele von ihnen an Ärzte, die diese oft schwierigen Operationen nicht beherrschen. Deshalb: Es gibt eine Unzahl von Schönheitschirurgen, darunter jede Menge schwarzer Schafe. Zahnärzte, Physiotherapeuten und Hautärzte die, weil man mit Facelifting oder Fettabsaugen sehr viel schneller reich wird, einen Beruf ausüben, den sie nicht gelernt haben.

Das 1. Gebot: sich gründlich informieren

Bei Frauen sind neben der Brust- und Nasen-OP sowie dem Facelifting vor allem Fettabsaugung, Faltenunterspritzung, Bauchstraffung oder Lippenvergrößerung gefragt. Etwas delikater ist die Genitalchirurgie.

Bei derzeit über einer Million Frauen wurde die Wirkung von Silikon auf den Körper untersucht. Silikon ist damit einer der am besten untersuchten Stoffe in der Medizin. Eine krebsfördernde oder Rheuma auslösende Eigenschaft ist nicht explizit nachgewiesen. Auch eine Schädigung des Immunsystems ist wissenschaftlich nicht belegt.

Bevor Sie sich unters Messer legen, sollten Sie jedoch wissen, dass jede Operation Gefahren mit sich bringt, da machen Schönheitsoperationen keine Ausnahme. Es kann zu starken Narbenbildungen, Blutungen und Schwellungen kommen.

Aber auch Sensibilitätsstörungen, allergische Reaktionen und Infektionen sind nicht ausgeschlossen. Und das sind bei weitem nicht alle Risiken einer Schönheitsoperation: Schon die Narkose kann zu Komplikationen führen. Von Übelkeit und Erbrechen über Blutdruckabfall bis hin zu Herzrhythmusstörungen ist vieles möglich. Und nicht vergessen: Auch kosmetische Eingriffe sind mit Schmerzen verbunden.

Weitere Risiken einer Schönheitsoperation liegen in ihrem Ergebnis: Kein Arzt kann eine Garantie abgeben, dass der Patient hinterher so aussieht wie gewünscht. Denn das ist teilweise abhängig von der Veranlagung und der Gewebebeschaffenheit. Die Risiken einer Schönheitsoperation sollten also immer gegen den Leidensdruck abgewogen werden. Wägen Sie gründlich ab, ob Sie diese Risiken eingehen wollen!

Ist Botox die Lösung für Sie?

Bevor man sich an das ganz große Facelifting wagt, genügt vielleicht eine kleinere Botox-Behandlung. Botox wird in der Fachsprache Botulinumtoxin genannt. Es ist ein Protein, das von Bakterien gebildet wird. Botox ist ein Gift. Wie jedes andere Gift auch ist es in sehr hoher Dosierung tödlich. Völlig ungefährlich ist die Behandlung also nicht. Bereits seit Anfang der 80er-Jahre wird Botox in der Schönheitsmedizin eingesetzt. Anfangs waren die Ergebnisse oft abschreckend: Das gefürchtete Maskengesicht – also ein Verlust der Mimik – schreckte in die Jahre gekommene Hollywood-Schauspielerinnen nicht ab. Stars wie Nicole Kidman, Cher, Goldie Hawn, Barbra Streisand oder Angelina Jolie haben schon sehr frühzeitig zu Botox griffen. Sie sehen heute jünger aus als vor zehn Jahren. Inzwischen schreiben diverse Filmproduktionen in ihre Verträge, dass die Schauspieler Botox nicht benutzen dürfen. Besonders bei TV-Serien, die auf viele Folgen festge-

Wie erkenne ich gute Implantate bzw. sichere Filler bei Brustoperationen?

Der 2014 verstorbene Prof. Johannes Hönig, ein Pionier der plastischen Chirurgie, meinte: „Neuere Implantate, die heutzutage in der ästhetischen Chirurgie verwendet werden, verfügen über hoch kohäsive Silikongele, die von einer dicken Kapsel aus bis zu zehn einzelnen Schichten umgeben sind. Der Sicherheitsfaktor ist dadurch sehr hoch."

Diese Zulassungen und Zertifizierungen geben einen Hinweis auf zuverlässige, geprüfte Filler oder/und Implantate:

- *Zulassung in Deutschland durch das Bundesinstitut für Arzneimittel und Medizinprodukte (BfArM).*
- *CE-Zertifizierung: Das CE-Zeichen (Conformité Européenne) ist eine wichtige Zulassung. Es besagt, dass das betreffende Produkt die EU-Vorgaben in Bezug auf die Produktqualität erfüllt. Aber: Das CE-Zertifikat ist kein allgemeingültiges Gütesiegel. Es bedeutet keineswegs, dass die Behandlung ohne Risiken und Nebenwirkungen abläuft.*
- *Die FDA ist die Arzneimittelzulassungsbehörde der Vereinigten Staaten und eine Behörde mit sehr sorgfältigen und strengen Schranken im Bereich der Zulassung eines Medizinprodukts. Eine FDA-Zulassung ist ein zusätzliches, hohes Qualitätskriterium.*

legt sind, stören die ewig gleich jung aussehenden Gesichter der Schauspielerinnen.

Der Oscar-prämierte Kameramann Michael Ballhaus beobachtete einen „bedauerlichen Trend in Deutschland" und Armin Morbach, einer der erfolgreichsten Make-up Artists, sagt: „Botox ist inzwischen auch in Deutschland normal, das geht mit 25 los, speziell bei Frauen auf dem roten Teppich, und ab 40 aufwärts ist fast jede/r gebotoxt."

Ein deutscher Serienstar hat mit Botox böse Erfahrungen gemacht. „Der Arzt hat zu viel gespritzt; als ich danach das erste Mal drehen sollte, rief der Regisseur: ‚Schau nicht so böse', aber ich hatte nur noch zwei Blicke drauf – sexy oder böse." Seither lässt sie sich nur noch sehr selten mit Botox behandeln. Allerdings: Diese Überbehandlung gibt es kaum noch. Mediziner setzen den Wirkstoff heute besser ein und wissen mehr zum Thema Botox.

Sobald die ersten Falten sichtbar werden, hilft nur noch die moderne Medizin. Botox ist dabei eine besonders beliebte Möglichkeit: Das Gift verhindert die Reizübertragung vom Nerv auf den Muskel. Dieser kann dadurch nicht mehr bewegt werden – und somit auch keine Hautfalten schlagen. Ihre Gesichtsmimik bleibt erhalten. Schließlich werden nicht alle Muskeln gelähmt. Dennoch kann es Nebenwirkungen geben. Zum Beispiel, wenn die Spritze zu tief gesetzt wird. Dann entspannt sich häufig der Stirnmuskel, der für die Bewegung des Augenlids verantwortlich ist. Die Folge: Das Augenlid schließt sich.

Wichtig ist immer eine ausführliche Beratung in der Praxis, bei der Sie mehr zum Thema Botox erfahren. Übrigens: Ihr faltenfreies Gesicht bleibt rund vier bis sechs Monate erhalten. Dann lässt die Wirkung nach.

Wie lange dauert eine Behandlung? Eine Botoxbehandlung dauert heutzutage selten länger als zehn Minuten. Langwieriger sind die vorherige Beratung durch den behandelnden Arzt und ein guter Therapieplan. Je nach gewünschtem Ergebnis werden bei einer Botoxbehandlung meist vier bis 20 Stiche gesetzt. Der Arzt kann sich dabei auf kleinste Gesichtspartien beschränken. Auch eine Behandlung der Zornesfalten ist möglich, ohne die Muskeln für die Stirnfalten zu beeinträchtigen.

Schmerzen die Spritzen? Nein, es sei denn, ein kleiner Pickser irritiert Sie schon. Die Ärzte spritzen Botox in winzigen Mengen mit feinen Nadeln. Bis das Gift seine Wirkung entfaltet, vergehen ein paar Tage: Erste Ergebnisse sind nach drei bis fünf Tagen sichtbar. Auf das optimale, faltenfreie Ergebnis müssen Sie bis zu sechs Wochen warten.

Wundermittel Wasser

Schauspielerinnen, die auch noch mit 65 ein glattes Gesicht haben, behaupten oft, dass ihr einziges Schönheitsmittel Wasser sei. Ein Lifting oder eine Botox-Behandlung kämen für sie nie in Frage. Die Story mit dem Wasser glaubt ihnen kaum jemand. Allerdings, ganz unrichtig ist sie nicht. Wenn der Körper nicht genügend Wasser bekommt, entzieht er es den Hautzellen. Die kleinen Fältchen um die Augen und den Mund entstehen. Um sie zu vermeiden und um den Körper zusätzlich zu entgiften und die Fettverbrennung anzukurbeln, sollte man deshalb täglich mindestens 1,5 Liter Flüssigkeit zu sich nehmen.

Nina Degele, Professorin für Soziologie und Gender Studies an der Universität Freiburg, hat sich mit dem Aspekt globaler Schönheit beschäftigt: dem Boom von Schönheitsoperationen. Gerade im Westen erobern Frauen über 50 die Gesellschaft und werden als attraktiv empfunden – auch wegen ihres Alters. Andererseits gibt es den Botox-Trend. Wie passt das zusammen? Das hat, laut Professor Degele, in erster Linie mit der Altersstruktur der Gesellschaft zu tun. „Zwar sind Frauen in diesem Alter heute sehr selbstbewusst, vor allem, weil sie gut ausgebildet sind und die Gesellschaft entscheidend mitgeprägt haben. Sie werden deshalb von den Medien und der Wirtschaft mehr beachtet, zumal sie eine äußerst kaufkräftige Klientel sind. Doch überall, wo es wesentlich mehr ältere als junge Menschen gibt, gilt Jugend als ein hohes Gut. Und was selten ist, wird nun mal begehrt."

Schönheitsoperationen boomen weltweit. In vielen Ländern aber eher aus ethnischen Gründen. In Asien lassen sich Frauen zum Beispiel weniger wegen Falten operieren, sondern die Augen vergrößern oder die Beine strecken, um westlicher auszusehen. Wieso wird gerade das westliche Schönheitsbild überall als so attraktiv empfunden? Degele glaubt, dass das mit dem wirtschaftlichen Erfolg der westlichen Gesellschaften zu tun hat. Der wird von den Menschen, auch dank Werbung und Medien, mit dem westlichen Aussehen verbunden. Und das gilt dann eben als erstrebenswert.

Botox, Champagner und Kaviar

Seit einigen Jahren sind sie der große Hit auf dem Jahrmarkt der Eitelkeiten: die Botox-Partys. In Friseursalons, Restaurants oder Privaträumen bitten geschäftstüchtige Ladys ihre Freundinnen zu diesen Stelldicheins. Allerdings sollten die Spritzen immer von einem Arzt gesetzt werden. Was früher die AVON-Partys waren, wo man preiswerte Kosmetik ausprobieren und zusammen mit Freundinnen einkaufen konnte, sind heute die Botox-Partys. Freilich in einem etwas anderen Ambiente. Von preiswert kann hier nicht die Rede sein. Botox in guter Qualität kostet, und der Arzt, der es spritzen soll, macht ebenfalls nichts umsonst.

Vor ein paar Monaten war ich zu einer solchen Party eingeladen. Ob ich meine Stirnfalten wegspritzen lassen wollte? Ich war mir da nicht so ganz sicher. Aber hingehen wollte ich auf jeden Fall. Das Thema passte wunderbar zu diesem Buch.

Auf der Einladung stand: „… würde sich freuen Sie/Dich am 23. März zu einer Botox-Party einzuladen. Bitte sagen Sie/ Du rechtzeitig zu, damit Dr. Gianni Marquese genug Botox in seinem Köfferchen hat. Als Unkosten-Beitrag bitte ich 150.– vorab zu überweisen. Ich freue mich auf Ihr/Dein Kommen." Dann folgte eine Adresse in Münchens Nobelvorort Grünwald.

Die weiße Villa war aus den 30er-Jahren. In der Auffahrt ein Porsche, ein Jaguar und ein Mini. Ein dunkelhäutiges Hausmädchen öffnete und führte mich in den Salon. Etwa 15 kreischende Frauen zwischen Ende 20 und Ende 70 hielten sich an ihren Champagnergläsern fest. Die Gastgeberin war sehr blond, sehr schlank. Sie musste um die 40 sein, sah aber aus wie Ende 20. Sie eilte auf mich zu: „Ich bin Mariella, aber das weißt du ja", sagte sie. „Wann haben wir uns das letzte Mal gesehen?"

Entweder litt ich unter Demenz oder sie. Wir kannten uns garantiert nicht. Aber egal: Das Spiel wurde gespielt. „Muss schon länger her sein", antwortete ich. „Wahrscheinlich in Kitzbühel!" – „Stimmt", jubelte Mariella. „Da warst du sicher auf meiner Party!" Ich nickte.

„Schau dich um. Einige der Mädels wirst du sicher kennen! Der Doc kommt in einer halben Stunde. Hinten an der Bar stehen Häppchen. Das Mädchen kommt immer mit Champagner vorbei! Schön, dass du da bist!" Das Vögelchen schwirrte weiter.

Ich sah mich um. In der Nähe einer überdimensionierten Palme saß Uschka, eine Fotografin. Wir kennen uns seit vielen Jahren. Uschka winkte mir zu. „Bist du zum ersten Mal hier", fragte sie. Ich nickte. „Woher kennst du Mariella?"

Uschka lachte. „Sie taucht auf nahezu jeder einigermaßen prominent besetzten Party auf. Ihr Alter hat ziemlich viel Zaster. Frag mich nicht, womit er den verdient. Kommt aus Leningrad und scheint ihr Brillis wie Kieselsteine zu schenken. Hast du schon mal gebotoxt?", fragt sie mich. Habe ich nicht und weiß auch gar nicht, ob ich das will. „Wofür verlangt Mariella eigentlich 150 Euro?", will ich wissen.

„Dafür kannst du dir zwei Botoxstiche setzen lassen. Den Rest musst du selbst löhnen." – „Also Champagner und die fette Dose Kaviar auf der Bar sind gratis?" Uschka grinste. „Pizza entspricht nicht ganz ihrem Verständnis von russischem Reichtum!"

Plötzlich hörte das Schnattern abrupt auf. Ein Mann, Ende 40, leicht ergraut, mit einem kleinen Köfferchen, betrat den Salon. Keine zwei Minuten und er war umringt von den Damen. „Die Hauptperson! Der Heilsbringer für verschrumpelte Gesichter!" Uschkas Kommentare waren wie immer maliziös.

Mariella umarmte ihn stürmisch. „Mädels", rief sie, „jetzt kann es losgehen!" Die Gastgeberin bestimmte die Reihenfolge der Botox-Empfängerinnen. Ich winkte erst mal ab. Champagner und Kaviar sind da mehr mein Ding. Der Doktor, Gianni, wie ihn die Damen nannten, packte aus seinem kleinen, eleganten Koffer Ampullen mit einer durchsichtigen Flüssigkeit und feine lange Spritzen. Er legte sie auf eine seidene Unterlage auf dem Sekretär. Gianni klatschte in die Hände, zeigte auf eine halbhohe Liege und rief: „Die erste Dame, bitte!" Eine ziemlich zerknitterte Endfünfzigerin hüpfte auf ihn zu.

„Diesmal brauche ich ein paar Stiche mehr", sagte sie, während Gianni sie prüfend betrachtete. „Sie wissen schon", sagte er, „dass ich gegen die Labial-Falten wenig tun kann. Da hilft nur ein Facelift!" Gloria seufzte. „Ich weiß, aber mein Mann ist total dagegen. Ich darf ihm nicht mal sagen, dass ich botoxe!" Gianni reinigte die Stellen, in die er mit der Nadel stechen wollte, vom Make-up.

Ich schaute neugierig zu. Nach der fünften Behandlung hatte ich genug gesehen. Ich widmete mich dem Champagner und entdeckte eine sehr alte Dame in einem riesigen Ohrensessel. Sie musste mindestens 80 Jahre alt sein, war sehr rundlich und schwarz gekleidet. Ihre Haare hatte sie unter einem mit Steinchen besetzten Turban versteckt.

„Wer ist das?", fragte ich Uschka. „Will die auch jünger und schöner werden?"

„Nee", lachte Uschka. „das ist die eigentliche Frau des Hauses. Sie ist die Mutter des Hausherrn und gibt hier den Ton an. Ohne sie passiert gar nichts. Mariella ist nur das Aushängeschild, quasi die Staffage!" Ich bat Uschka, mich ihr vorzustellen.

Madame nickte gnädig und deutete auf einen Hocker neben sich. „Setz dich, Kleine", sagte sie zu mir. Ihre Stimme war kehlig und sehr tief, mit diesem sehr deutlichen russischen Klang. „Bist du eine Freundin von der da?", fragte sie und deutete auf ihre Schwiegertochter.

„Nein. Ich habe sie erst heute kennengelernt!"

„Und was willst du hier? Dich auch nadeln lassen?"

„Ich weiß es noch nicht!", antwortete ich. „Mal sehen!"

Madame schüttelte den Kopf, schaute mich lange an und meinte schließlich: „Wie im Zirkus – diese ganzen Weiber. Hüpfen um den Doktor, als könnte dieser Trottel Wunder vollbringen. Er gefällt mir überhaupt nicht. Hat letztes Jahr zu mir gesagt, dass er aus mir auch wieder eine schöne Frau machen könne!" Sie lachte laut und ziemlich dreckig.

„Und? Haben Sie's versucht?"

Sie schüttelte den Kopf. „Ich habe ihm gesagt, dass ich exakt aussehe wie eine Großmutter und dass das gut so ist!"

Madame bat mich, ihr Champagner zu bringen und begann dann über St. Petersburg, zu sprechen. Ihre Familie hatte mit

Pelzen gehandelt. Sie war in einem Schweizer Internat aufgewachsen und schließlich mit einem hohen russischen Militär verheiratet worden. Ich hörte ihr gern zu. Die Hühner, wie sie die anwesenden Frauen nannte, interessierten mich weniger.

Inzwischen hatte auch die Letzte ihre Portion Botox abbekommen. Das Geschnatter wurde immer lauter, das Gelächter greller. Alle hatten sich um den Doktor geschart. Gianni hatte sein Köfferchen bereits wieder geschlossen und ich die Chance von zwei Portionen Botox verpasst. Ich hatte den Eindruck, dass die alte Dame mich absichtlich so in Beschlag genommen hatte. Als ich sie danach fragte, lachte sie: „Da kannst du recht haben! Mit keinem dieser Hühner hätte ich mich unterhalten wollen!"

Zum Abschied sagte sie noch: „Komm mal vorbei! Ich weiß noch eine Menge Geschichten!" Sie umarmte mich und gab mir einen großmütterlichen Klaps auf den Po.

Drei Monate später dann las ich in der Zeitung, dass Doktor Gianni Marquese verhaftet worden war. Er war ein Betrüger, der weder einen Arzttitel noch die Erlaubnis besaß, Botox zu spritzen. Dr. Gianni Marquese war ein windiger Friseur aus Catania.

Neue
Ziele
setzen

> Es ist besser, zu genießen und zu bereuen –
> als zu bereuen, dass man nicht genossen hat!
>
> *Giovanni Boccaccio (1313–1375),*
> *italienischer Dichter*

Dieser wunderbare Satz von Boccaccio ist wie der dringliche Last-call-Aufruf am Flughafen. Wer jetzt nicht an Bord geht, bleibt auf dem Boden! Solche Last-calls sollte man nicht überhören. Nicht beim Reisen und auch nicht im Leben!

Die berufliche Laufbahn ist für die meisten mit 65 Jahren beendet. Rente heißt das Verdikt. Manchmal schon herbeigesehnt, genug von der täglichen Fron. Erschöpft und ausgepowert will man den Ruhestand genießen. Nichts mehr müssen. Keine tägliche Routine mehr. Nur noch Freizeit.

Den meisten allerdings fällt nach einer Ruhepause die Decke auf den Kopf. Wer ein Leben lang gearbeitet hat, weiß mit all den freien Tagen nicht immer etwas anzufangen. Langeweile, Frustration, Resignation: Doch waren da nicht jene nie verwirklichten Träume? Die Sehnsucht, einmal etwas ganz anderes zu machen als das, wozu einen die Umstände gezwungen hatten? Denken Sie darüber nach, ein Abenteuer zu wagen. Ganz gleich, was die Familie dazu sagt!

Nicht wegen der Kinder (oder Enkel) in den Bayerischen Wald oder ans Meer nach Italien fahren, sondern die Treckingtour nach Nepal buchen. Soll der inzwischen allzu bequeme Ehemann doch meutern: Es ist Ihr Leben!

Gestalten Sie die dritte Lebensphase so, wie Sie es sich immer erträumt haben! Wenn Sie sich scheuen, allein zu reisen, überzeugen Sie eine gute Freundin, Ihre Tochter oder Ihren Sohn, Sie zu begleiten. Es gibt betreute Reisegruppen an alle wunderschönen Enden der Welt. Und es gibt überall preiswerte Zimmer (mit oder ohne Familienanschluss) zu mieten. Die Welt ist dazu da, erobert zu werden – in jedem Alter.

Mit Matuschka und Verwandtschaft durch die Steppe

Meine Bekannte *Sophie* hatte den großen Traum, mit der Transsibirischen Eisenbahn von Moskau bis nach Wladiwostok zu fahren. Sie hatte schon davon gesprochen, bevor sie ihr erstes Kind bekam. Doch irgendwie klappte es nie. Erst der Job, dann die Kinder und schließlich der Ehemann, der am liebsten an der Scholle klebte. Als er gestorben war, die Kinder längst aus dem Haus, fiel Sophie dieser Traum wieder ein. Sophie war zu dem Zeitpunkt 69 Jahre alt. Zu alt für solch eine lange Reise?

Sie fragte sich quer durch ihren Freundeskreis. Das Ergebnis war nicht sehr ermutigend. Von Bedenken wie: „Was tust du, wenn du krank wirst?", bis zu: „Du kannst dich doch gar nicht verständigen", waren alle Schattierungen des „Um Gotteswillen, fahr lieber nach Italien" zu hören.

Trotz der entmutigenden Umfrage begann Sophie, sich nach Zügen, Visen und Möglichkeiten für diese Reise zu erkundigen. Sie überschlug, was dieser Traum kosten würde. Mit etwa 8.000 Euro musste sie für die 16-tägige Reise rechnen für Flüge, Besichtigungen und Übernachtungen außerhalb des Zuges. Das hieße, ein paar Aktien zu verkaufen. Ganz allein aber wollte sie nicht fahren. Als sich niemand in ihrem Freundeskreis finden ließ, ging sie ins Netz.

Sophie suchte nahezu ein halbes Jahr nach einem Reisepartner. Es meldete sich eine Unzahl von reisewilligen Männern und Frauen. Einige glaubten, dass sie zu der Tour eingeladen würden. Andere vermuteten, Sophie suche selbst einen Finanzier für dieses Abenteuer. Sie entschied sich für

Georg (71), einen ehemaligen Hochschullehrer. Georg sprach etwas russisch, war geschieden und schien genau der Richtige. Er war humorvoll, praktisch und hatte viel Erfahrung, was ungewöhnliche Reiseziele anging.

„Es wurde die aufregendste Zeit meines Lebens", schwärmt Sophie noch heute, zwei Jahre nach der Reise. Georg und Sophie planen gerade eine Tour nach China. Und ja: Sie sind inzwischen ein Paar.

Pilgern ist ‚in'

Wem das zu viel Abenteuer ist, der kann sich vielleicht für den Jakobsweg begeistern. Seit 1000 Jahren pilgern Menschen aus den unterschiedlichsten Gründen nach Santiago de Compostela zum Grab des Apostels Jakobus. Die Wanderung durch die Gebirge Nordspaniens ist schweißtreibend und mühsam. Zwar sind die Herbergen inzwischen komfortabler als noch vor einem Jahrhundert – ein netter Spaziergang ist es dennoch nicht.

Warum immer mehr Menschen dies tun? Um ihr Gehirn auszulüften, um Gott um etwas zu bitten, um sich selbst etwas zu beweisen. Hape Kerkeling tat es und schrieb ein Buch darüber. Er wollte seine Mitte finden. Die TV-Oldies Björn Hergen Schimpf, Harry Wjinvoord, Jörg Draeger und Frederic Meisner brachen gemeinsam zu dieser beschwerlichen Tour auf. Alle wollten den Zivilisationsmüll aus ihren Köpfen bekommen.

Frauen, die sich allein auf den Weg machen, sind inzwischen nicht mehr selten. Fast die Hälfte der Pilger sind Frauen. Eva K., eine Psychologin aus Köln, hat den Weg bereits zum dritten Mal gemacht. *Eva*, 71 Jahre alt, sportlich, ist am liebsten allein unterwegs. „Was", wie sie erzählt, „auf dem klassischen Jakobsweg inzwischen eher selten ist!" Religiöse

Gründe für die Tour hatte sie nicht. „Ich empfinde die Strecke als eine körperliche Herausforderung. Das tut mir, die ich eigentlich nur mit dem Kopf arbeite, gut. Ich komme an meine körperlichen Grenzen. Danach fühle ich mich unbelastet und frei!"

Reisen in die Karibik oder hoch in den Norden auf einem der großen Kreuzfahrtschiffe werden bevorzugt von Frauen über 65 gebucht. Da sie sehr oft allein reisen, haben verschiedene Reiseanbieter „Gentleman Hosts" engagiert. Die – meistens ebenfalls reiferen Herren – kümmern sich um das Amüsement der Damen. Sie fordern sie zum Tanz auf und beplaudern sie an den Bars. Für diese Kavaliersdienste und nur dafür wird der Reiseveranstalter zur Kasse gebeten. Den Champagner müssen natürlich die Damen zahlen. Wer aber glaubt, einen älteren Gigolo vor sich zu haben, irrt! „Gentleman Hosts" ist es strikt untersagt, die Kabinen der Damen zu betreten.

Reisen macht schlau, Wellness schön!

Den Satz Ihres Mannes, wenn Sie ihm eröffnen, in eine Wellness-Farm zu gehen: „Das hast du doch gar nicht nötig!", können Sie getrost vergessen. Entweder hat er blitzschnell die Kosten überschlagen oder er schaut Sie nach all den gemeinsamen Jahren nicht mehr wirklich an.

Die meisten Touristik-Unternehmen werben um die „neuen alten Ladys". Sie bieten Wellnesstrips nach Spanien oder zu Ayurveda-Ressorts in Indien und Sri Lanka an. In Südafrika kann sich Madame unters Messer legen, ohne dass die boshafte Nachbarin gerötete OP-Narben bemerkt. Sie verschwinden für 14 Tage und kehrt in jedem Fall innerlich verjüngt zurück. Im Grunde geht es gar nicht um das Aussehen. Sondern darum, dass Sie sich verwöhnen lassen, Ihr Selbstbewusstsein stärken, sich wohl in Ihrer Haut fühlen. Machen Sie sich frei. Frei, zu tun und zu lassen, worauf Sie Lust haben – und natürlich was der Geldbeutel erlaubt.

Uni oder Lehnstuhl?

Sie war 90 Jahre alt, als sie ihre Dissertation an der Uni Siegen schrieb. *Rosemarie Achenbach*, verwitwete Pastorengattin, hatte das Thema „Die Philosophie des Todes" gewählt. Wer allerdings glaubt, dass die Wahl des Themas einer gewissen Todessehnsucht geschuldet war, irrt. Rosemarie Achenbach ist eine fröhliche, lebensfrohe Person, die weit von jeglicher Depression entfernt ist.

Vor 13 Jahren setzte die alte Dame ihr 1943 in München begonnenes Studium fort, was während des Zweiten Weltkrieges, der bald darauf geborenen drei Kinder und ihrer Aufgabe als Pfarrersfrau schwer möglich war.

Die Uni Siegen rechnete ihr die vor 60 Jahren gemachten Scheine an. Statt Kunstgeschichte belegte sie Philosophie. Die Magisterarbeit schrieb Rosemarie Achenbach nicht auf ihrer alten Olympia–Schreibmaschine, sondern auf dem nagelneuen Laptop. „Ich habe auch manche Veranstaltungen neu besucht, um zu beweisen: Die Frau ist trotz ihres hohen Alters nicht verblödet. Wäre ja möglich gewesen."

Ihre Magisterarbeit zum Thema „Der Gottesbegriff unter der Perspektive verschiedener Religionen" hatte sie in vier Tagen im Griff. Überhaupt fällt der alten Dame das Lernen nicht schwer. „Man lernt anders, langsamer, besser nahe miteinander verknüpfte Dinge als völlig Neues." Mündliche und schriftliche Prüfungen absolvierte sie innerhalb von Tagen. „Das muss man erst mal alles im Kopf haben!"

Von den 2,7 Millionen Studierenden sind geschätzte 55.000 Gasthörer. Mehr als die Hälfte davon ist über 60 Jahre alt! Die beliebtesten Fächer sind Geschichte, Philosophie und Psychologie. Jörn Leonhard, Professor für Geschichte des Romanischen Westeuropa an der Albert-Ludwigs-Universität in Freiburg, empfindet den Ansturm der Senioren im Gegensatz zu einigen seiner Kollegen als „eine absolut begrüßenswerte Entwicklung". In seinen Vorlesungen ist schon jetzt die Hälfte der Studenten weit über das Rentenalter hinaus. Darunter viele Frauen. Leonhard über die „grauen Panther": „Die wollen keinen akademischen Seniorenteller. Das sind sehr anspruchsvolle Hörer!" Die Zahl der „grauen Blöcke", wie die jungen Kommilitonen die alten Herrschaften nennen, dominieren an manchen Universitäten. Wie zum Beispiel an der Ludwig-Maximilian-Universität in München in Philosophie- und Geschichts-Vorlesungen.

Sie sehen: Es gibt viel zu tun! Ob Sie reisen, pilgern, studieren, sich Ihrem eigenen Wohlbefinden oder dem anderer Menschen widmen, ob Sie Gutes tun für sich oder für andere – alles ist möglich. Wir brauchen in unserem Leben Aufgaben und Ziele, um ein zufriedenes, bisweilen glückliches Leben zu führen. Und zwar immer. Bis zuletzt.

Literatur

- *Derrien, Caroline; Nedelec, Candice*: Les Macron, Fayard, Paris, 2017
- *Feldman Barrett, Lisa*: How to Become a ‚Superager'. Sunday Review, 31.12.2016
- *Fricke, Dorothee*: Wahre Schönheit. Dove-Produktmanagerin Nicole Ehlen. Handelsblatt, 22.9.2007, 9:31 Uhr, http://www.handelsblatt. com/unternehmen/management/dove-produktmanagerin-nicole-ehlen-wahre-schoenheit/2864420.html
- Generali Altersstudie 2013: Wie ältere Menschen leben, denken und sich engagieren. Fischer Verlag, Frankfurt, 2012
- *Gieß, Hubert J.*: Wie alte Menschen umworben werden wollen – ‚Seniorenteller' kommen bei den Älteren nicht gut an, 14.12.1999, 11:19 Uhr, https://idw-online.de/de/news16628
- *Günther, Franziska*: „Betreuen, aber nicht erziehen". Warum ist das Verhältnis zwischen Großeltern und Enkeln ein so besonderes? Interview mit François Höpflinger. Zeit online, 23.12.2008, 7:38 Uhr, http://www. zeit.de/online/2008/51/interview-grosseltern
- *Heidenreich, Elke*: So l(i)ebt es sich mit einem 28 Jahre jüngeren Mann. Bunte Magazin, 11.4.2016, 10:27 Uhr, http://www.bunte.de/stars/ stars-die-liebe/elke-heidenreich-so-liebt-es-sich-mit-einem-28-jahre-juengeren-mann-282101.html
- *Höpflinger, François; Hummel, Cornelia; Hungentobler, Valérie*: Enkelkinder und ihre Grosseltern. Intergenerationelle Beziehungen im Wandel. Seismo Verlag, Zürich 2006
- *Jochheim, Tobias*: Der Tod ist ihr Running Gag. Zeit online, 22.10.2014, 11:16 Uhr, http://www.zeit.de/studium/2014-10/philosophiestudium-studienabschluss-rosemarie-achenbach
- *Langer, Ellen*: Die Uhr zurückdrehen. Jungfermann, Paderborn 2011
- *Lauster, Peter*: Die Liebe. Psychologie eines Phänomens. Rowohlt, Hamburg 2009
- *Levi-Montalcini, Rita*: Die Vorzüge des Alters. Leistungsfähigkeit und geistige Aktivität ein Leben lang. Piper, München 2005
- *Löhr, Julia*: Die Invasion der älteren Models. FAZ Wirtschaft 21.6.2015, http://www.faz.net/aktuell/wirtschaft/unternehmen/werbung-die-invasion-der-aelteren-models-13657022.html
- *Lohre, Matthias*: Seniorenstudium. ‚Ich hab das live erlebt'. Zeit online, 9.4.2015, http://www.zeit.de/2015/13/seniorenstudium-geschichte-zeitzeugen
- *Medine, Leandra*: The Chatroom with Iris Apfel and Leandra Medine: http://fashiontube.com/videos/7gdafi/the-chatroom-with-iris-apfel-and-leandra-medine/
- *Needleman, Deborah*: Interview mit Iris Apfel New York Times Magazin, 2013. http://fashiontube.com/Videos/580AB2/iris-apfel-inteview-with-new-york-times-magazine/
- *Pigozzi, Caroline*: Ensemble sur la route du pouvoir: Brigitte et Emmanuel Macron. Paris Match, Nr. 3491, 2016

- *Puls, Wichard*: Soziale Isolation und Einsamkeit: Ansätze zu einer empirisch-nomologischen Theorie. Deutscher Universitätsverlag, Wiesbaden 1997
- *Renteln-Kruse, Wolfgang* (Hrsg.): Medizin des Alterns und des alten Menschen. Springer, Heidelberg, 2004
- *Reyer, Cordula*: Westwoods Ehemann erklärt ungewöhnliche Liebe. Die Welt, veröffentlicht am 24.06.2010, https://www.welt.de/lifestyle/article8130501/Westwoods-Ehemann-erklaert-ungewoehnliche-Liebe.html
- *Robertson, Emma*: You can't learn style. Interview mit Iris Apfel. The Talks, 15.2.2016, http://the-talks.com/interview/iris-apfel/
- *Schmid, Wilhelm*: Gelassenheit. Was wir gewinnen, wenn wir älter werden. Insel Verlag, Berlin 2014
- *Sontag, Susan*: The Double Standard of Aging. In: Saturday Review of The Society, September 23, 1972, S. 29–38
- *Sommer-Himmel, Roswitha*: Großeltern heute. Betreuen, erziehen, verwöhnen. Kleine Verlag, Bielefeld 2001
- *Storr, Anthony*: Solitude. A Return to Self. Free Press, New York, 1988
- *Verovic, Daniel*: Senior-Model Eveline Hall: „Ich bin eine alte Frau auf dem Laufsteg, aber keine Lachnummer", style ranking, 10.8.2014, 11:30 Uhr, https://www.styleranking.de/lifestyle/vip-news/senior-model-eveline-hall-ich-bin-eine-alte-frau-auf-dem-laufsteg-aber-keine-lach-nummer
- ohne Verf.: Iris Apfel über das Geheimnis ihres Stils. Interview. Brigitte Woman, http://www.brigitte.de/woman/mode/stil/stilikone--interview--iris-apfel-ueber-das-geheimnis-ihres-stils-10142382.html
- ohne Verf.: Doktorandin, 90 Jahre, schreibt über den Tod. Spiegel online, 30.11.2014, 15:47 Uhr, http://www.spiegel.de/lebenundlernen/uni/studium-im-alter-90-jaehrige-promoviert-in-philosophie-ueber-tod-a-997795.html

Impressum

Projektleitung: Florian Fischer
Lektorat: Gisela Fichtl
Korrektorat: Adelheid Schmidt-Thomé
Fotografie: S. 24 (Hannelore Elsner): Getty/Frank Bauer; S. 42 (New York): Getty/Wendell Teodoro; S. 46 (Helen Mirren): Getty/Eric Ryan Anderson; S. 49 (Iris Apfel): Getty/Dustin Harris; S. 98 (Vivienne Westwood): Getty/Polly Borland; S. 106 (Susan Sontag): Getty/Colin McPherson; S. 166 (Christine Kaufmann): Getty/Frank Hoensch
Umschlaggestaltung und Layout: Martina Baldauf, herzblut02
Herstellung: Markus Plötz
Satz: KONTRASTE :: Graphische Produktion
Reproduktion: Repro Ludwig, Zell am See
Druck und Bindung: CPI books GmbH

ISBN 978-3-8338-6104-8
1. Auflage 2017
www.graefeundunzer-verlag.de
www.facebook.com/gu.verlag

GRÄFE
UND
UNZER

Ein Unternehmen der
GANSKE VERLAGSGRUPPE